段 宇　干伟东　周俊伟　刘 新　孔宪卫 ◎ 著

船闸输水系统及引航道水力学模型试验研究

河海大学出版社
HOHAI UNIVERSITY PRESS
·南京·

图书在版编目(CIP)数据

船闸输水系统及引航道水力学模型试验研究 / 段宇等著. -- 南京：河海大学出版社，2023.12
　　ISBN 978-7-5630-8565-1

Ⅰ.①船… Ⅱ.①段… Ⅲ.①船闸输水系统-水力模型-试验-研究②引航道-水力模型-试验-研究 Ⅳ.①U641.3②U641.2

中国国家版本馆 CIP 数据核字(2023)第 236934 号

书　　名	船闸输水系统及引航道水力学模型试验研究
	CHUANZHA SHUSHUI XITONG JI YINHANGDAO SHUILIXUE MOXING SHIYAN YANJIU
书　　号	ISBN 978-7-5630-8565-1
责任编辑	张心怡
责任校对	金　怡
封面设计	张世立
出版发行	河海大学出版社
地　　址	南京市西康路 1 号(邮编：210098)
电　　话	(025)83737852(总编室)　(025)83722833(营销部)
经　　销	江苏省新华发行集团有限公司
排　　版	南京布克文化发展有限公司
印　　刷	广东虎彩云印刷有限公司
开　　本	718 毫米×1000 毫米　1/16
印　　张	10.75
字　　数	186 千字
版　　次	2023 年 12 月第 1 版
印　　次	2023 年 12 月第 1 次印刷
定　　价	69.00 元

目录 Contents

第 1 章　船闸输水系统发展及研究进展 ⋯⋯⋯⋯ 001
 1.1　概述 ⋯⋯⋯⋯ 003
 1.2　船闸输水系统发展历史 ⋯⋯⋯⋯ 014
 1.3　船闸输水系统布置型式及选型 ⋯⋯⋯⋯ 016
 1.4　船闸输水系统水动力学研究 ⋯⋯⋯⋯ 017
  1.4.1　原型观测研究 ⋯⋯⋯⋯ 018
  1.4.2　物理模型试验研究 ⋯⋯⋯⋯ 018
  1.4.3　数值模拟研究 ⋯⋯⋯⋯ 019
 1.5　研究展望 ⋯⋯⋯⋯ 019

第 2 章　百龙滩枢纽概述 ⋯⋯⋯⋯ 021
 2.1　概况 ⋯⋯⋯⋯ 023
 2.2　自然条件 ⋯⋯⋯⋯ 024
  2.2.1　流域概况 ⋯⋯⋯⋯ 024
  2.2.2　气象 ⋯⋯⋯⋯ 026
  2.2.3　水文 ⋯⋯⋯⋯ 026
  2.2.4　泥沙 ⋯⋯⋯⋯ 030
 2.3　工程地质 ⋯⋯⋯⋯ 031
  2.3.1　区域地质及场地适宜性 ⋯⋯⋯⋯ 031

2.3.2　工程区工程地质条件 ………………………………………… 032
　　2.3.3　各建筑物工程地质条件及评价 ………………………………… 033
2.4　枢纽总体布置 ………………………………………………………… 034
　　2.4.1　枢纽布置情况 …………………………………………………… 034
　　2.4.2　已建船闸基本资料 ……………………………………………… 035
　　2.4.3　已建船闸引航道基本资料 ……………………………………… 038

第3章　船闸输水系统数值模拟研究 ………………………………… 041
3.1　基本概况 ……………………………………………………………… 043
　　3.1.1　船闸平面布置原则 ……………………………………………… 043
　　3.1.2　船闸等级和有效尺度 …………………………………………… 044
　　3.1.3　通过能力 ………………………………………………………… 044
　　3.1.4　特征通航水位 …………………………………………………… 044
　　3.1.5　设计船型、船队尺度 …………………………………………… 046
3.2　船闸输水系统布置型式 ……………………………………………… 046
3.3　三维数学模型构建 …………………………………………………… 048
　　3.3.1　基础理论 ………………………………………………………… 048
　　3.3.2　模型范围 ………………………………………………………… 051
3.4　设计方案数值分析 …………………………………………………… 053
　　3.4.1　闸室灌（泄）水水力特性 ……………………………………… 053
　　3.4.2　输水廊道压力特性 ……………………………………………… 054
　　3.4.3　闸室水面比降特征 ……………………………………………… 055
　　3.4.4　典型区段水流流态 ……………………………………………… 057
3.5　优化方案数值分析 …………………………………………………… 060
　　3.5.1　优化方案 ………………………………………………………… 060
　　3.5.2　闸室灌水水力特性 ……………………………………………… 061
　　3.5.3　灌水阀门段廊道压力特征 ……………………………………… 063
　　3.5.4　典型区段水流流态 ……………………………………………… 065
3.6　小结 …………………………………………………………………… 068

第4章 船闸输水系统物理模型试验 … 071
4.1 概述 … 073
4.2 物理模型设计与制作 … 076
4.2.1 物理模型 … 076
4.2.2 试验仪器设备 … 079
4.2.3 传感器布置示意图 … 082
4.3 闸室输水水力特性 … 084
4.3.1 输水系统流量系数 … 086
4.3.2 水头差16 m工况 … 087
4.3.3 水头差10.24 m工况 … 089
4.4 闸室船舶停泊条件 … 092
4.4.1 单船闸室上段停泊 … 092
4.4.2 单船闸室中段停泊 … 096
4.4.3 单船闸室下段停泊 … 100
4.4.4 船队闸室上段停泊 … 104
4.4.5 船队闸室下段停泊 … 109
4.5 输水系统廊道压力特性 … 113
4.5.1 闸室上游廊道压力特性 … 113
4.5.2 闸室下游廊道压力特性 … 118
4.6 输水系统进、出水口水流条件 … 121
4.6.1 进口水流条件 … 121
4.6.2 出口水流条件 … 123
4.7 小结 … 125

第5章 船闸上下游引航道数值模拟研究 … 127
5.1 基本概况 … 129
5.2 引航道三维数学模型构建 … 130
5.2.1 基础理论 … 130
5.2.2 模型范围 … 133
5.2.3 计算工况 … 136

5.3 上游引航道研究成果及分析 139
5.3.1 纵向流速变化分析 139
5.3.2 横向流速变化分析 142
5.3.3 水位变化分析 144
5.3.4 水深变化分析 147
5.3.5 比降变化分析 149

5.4 下游引航道研究成果及分析 150
5.4.1 纵向流速变化分析 150
5.4.2 横向流速变化分析 153
5.4.3 水位变化分析 154
5.4.4 水深变化分析 157
5.4.5 比降变化分析 159

5.5 小结 160

参考文献 162

第1章

船闸输水系统发展及研究进展

1.1 概述

通航建筑物是为克服航道上水位集中落差而建设的水工建筑物,它的发展对于内河航运的推进具有极大意义。通航建筑物一般分为船闸和升船机两大类。船闸的过船利用的是上下游水位连通,通过在船闸的闸室内部进行充泄水来解决上下游的水位差问题,实现船舶的通航;而升船机的过船利用的是机械装置的升降,实现上下游船舶的通航。受当前技术水平的制约,升船机多用于承载吨位较小的船舶,且运行效率相对较低;而船闸凭借其运行稳定、承载船舶吨位大、便于运行维护的优势,成为现如今应用最为广泛的通航建筑物,从国内外已建和运行中的通航建筑物数量上来看,船闸占比达到了99%。

船闸是克服河流上建坝(或天然)形成的集中水位差的一种过船建筑物,它是由上下闸首、闸门、闸室等组成。闸室灌水和泄水,使水位升降,像一种特殊的水梯,但它不像普通电梯和升船机那样靠电力升降。船闸的闸首、闸室都是固定不动的水工建筑物,由闸首、闸门、闸室围成固定不动的闸厢,起挡水作用。船舶过闸时,由廊道和阀门构成的输水系统向闸室灌水,闸室水位上升;闸室向外泄水,闸室水位降落。停在闸室的船舶靠水的浮力,随闸室的水位升降,与上游或下游水面齐平,达到克服水位差的目的,因此船闸通常又称过坝建筑物。因船舶过闸是由水的浮力来升降的,所以船闸的营运费用比较低,是过船建筑物中的一种主要型式。

通常,船闸工程的技术指标主要包括船闸水头、闸室尺寸、充泄水时间以及船舶的系缆力等。船闸闸室内部的水流条件状况往往决定着船舶能否平稳安全通过船闸,而船闸输水系统安全平稳的充、泄水是船舶安全平稳过闸的关键。因此,船闸输水系统需达到以下几点要求:

(1) 闸室充、泄水的过程需满足适宜的时间要求;

(2) 船舶或者船队进入闸室停泊的过程需满足停泊安全要求;

(3) 船闸各构筑物在输水系统的运行过程中需满足水流冲刷造成的耐久性要求;

(4) 整个船闸的工程建设过程需满足经济性要求。

国内外有关船闸具体情况介绍如下。

1. 国内主要通航河流船闸及升船机建设情况

2003年,当时世界上规模最大的三峡双线五级连续船闸建成通航,标志着我国的船闸设计、施工水平已达到了世界先进水平。随着国民经济的快速发展和中国内河水运主通道"一纵三横"总体布局规划的实施,内河船闸行业借助国家内河水运发展的重要机遇实现了快速飞跃,一大批通航枢纽兴建投运,并且还将不断规划、建设和投运。国家于2014年12月28日正式颁布了《中华人民共和国航道法》,其中对通航建筑物的运行管理、运行方案、维护保障提出了具体要求,为船闸规范性管理提供了法律依据,有利于促进船闸行业健康规范地发展。目前我国在建和已建的通航建筑物已有1 000余座,这些通航枢纽的建设改善了航运条件,提高了航道的通航等级和通过能力。

(1) 长江干流

长江干流在20世纪80年代修建了葛洲坝船闸,最大工作水头27 m,一号、二号船闸尺寸为280 m×34 m×5 m(长×宽×水深,下同),可通过万吨级大型船队,设计单向通过能力4 000万t;三号船闸120 m×18 m×3.5 m,设计单向通过能力1 000万t。

2003年,三峡双线五级连续船闸建成并试运行,设计最大总水头113 m,中间级最大工作水头45.2 m,船闸尺寸280 m×34 m×5 m,可通过万吨级大型船队,设计单向通过能力达5 000万t,是当时世界规模最大、水头最高、技术复杂的多级船闸。

三峡升船机是三峡水利枢纽永久通航设施,为单线一级垂直提升式,承船厢有效尺寸为120 m×18 m×3.5 m。三峡升船机于2016年9月18日试通航。

(2) 嘉陵江

嘉陵江广元至重庆段规划相互衔接共18级梯级(四川境内15个梯级,重庆境内3个梯级),嘉陵江梯级渠化是我国第一个内河全线渠化工程,从上游到下游18个梯级航电枢纽依次为:石盘、水东坝、亭子口、苍溪、沙溪、金银台、红岩子、新政、金溪、马回、凤仪、小龙门、青居、东西关、桐子壕、利泽、草街和井口。通过近30年的建设,嘉陵江梯级渠化初现成效,17个梯级航电枢纽基本全部建成,大部分已经投入使用,"综合利用,航电结合,滚动开发,发展航运"的目标正在实现。枢纽船闸大部分按四级标准建设,船闸有效尺寸 120 m×16 m×3.0 m,东西关、草街船闸工作水头达 27 m,其余船闸一般在 14 m 左右。可通航船舶吨级为 500 t,单向年通过能力 350 万～380 万 t,全线通航后,可通行 1 000 t 级船队,广元出发可直达上海,四川乃至西部又多一条出海大通道。

其中,重庆市嘉陵江草街航电枢纽按三级航道标准建设船闸 1 座,船闸有效尺寸为 28 m×280 m×3.5 m,可通行 2×1 000 t 级船队,年通过能力 1 050 万 t,并预留二线船闸位置;工程于 2010 年 6 月 23 日通航。亭子口水利枢纽升船机工程于 2016 年 12 月 26 日建成,并进入调试阶段;过船规模为 2×500 t 级,年通航量可达 366 万 t。

(3) 汉江

汉江干流长 448 km,汉江中下游梯级渠化规划是:在丹江口以下依次兴建王甫洲、新集、崔家营、雅口、碾盘山、兴隆 6 级梯级枢纽工程。已建成王甫洲水利枢纽船闸,船闸闸室尺寸 120 m×12 m×2.5 m。最大水头 10.3 m。船闸近期可通过 300 t 级船队,远景可通过 500 t 级船队。崔家营航电枢纽 2005 年开工,2009 年 2 月 18 日通过竣工验收,闸室有效尺寸为 180 m×23 m×3.5 m,最大水头 10 m,是汉江上第一座千吨级船闸,单向年通过能力可达 768 万 t。兴隆水利枢纽船闸位于江汉运河汉江出口上游 3 km 处,是南水北调兴隆水利枢纽的附属通航设施,为 1 000 t 级船闸,闸室有效尺寸 180 m×23 m×3.5 m,设计年通过量 566.5 万 t,于 2013 年 4 月通航。

其余 3 座航电枢纽目前都已开工在建。汉江新集水利水电枢纽工程于 2015 年底开工,工程施工总工期 4 年。汉江雅口航运枢纽工程于 2016 年开工建设,总工期计划 58 个月;船闸级别为Ⅲ级,设计代表船队为 1 000 t 级双排双列 1 顶 4 驳船队;闸室有效尺寸 180 m×23 m×3.5 m(长×宽×门槛水深),船闸年单向通过能力 667 万 t。汉江碾盘山枢纽工程于 2016 年 12 月 26 日开工,船闸于 2022 年 10 月正式启用;船闸级别为Ⅲ级,通航船舶等级为 1 000 t 级。

(4) 湘江

湘江干流苹岛至长沙河段,布置有上下梯级水位相互衔接的太洲、潇湘、浯溪、湘祁、近尾洲、土谷塘、大源渡、株洲和长沙等 9 个梯级航电枢纽。

湘江干流目前建成运营的船闸共有 8 座,从上至下依次为潇湘枢纽船闸

(100 t 级,设计通过能力 70 万 t)、浯溪枢纽船闸(500 t 级,设计通过能力 200 万 t)、湘祁枢纽船闸(500 t 级,设计通过能力 166 万 t)、近尾洲枢纽船闸(500 t 级,设计通过能力 242 万 t)、土谷塘枢纽船闸(1 000 t 级,设计通过能力 1 420 万 t)、大源渡枢纽船闸(1 000 t 级,设计通过能力 1 200 万 t)、株洲枢纽船闸(1 000 t 级,设计通过能力 1 260 万 t)、长沙综合枢纽船闸(双线 2 000 t 级,设计通过能力 9 800 万 t)。

根据湖南水运发展"十三五"规划的安排部署,湖南省水运建设投资集团有限公司将陆续对湘江干流航道进行全面整治升级,并计划对湘江干流 8 座船闸其中的 6 座船闸进行改扩建,其中株洲枢纽二线船闸(2 000 t)、大源渡枢纽二线船闸(2 000 t)已于 2016 年开工建设,于 2019 年 6 月通航。潇湘二线船闸(1 000 t)、浯溪二线船闸(1 000 t)、湘祁二线船闸(1 000 t)、近尾洲二线船闸(1 000 t)4 座船闸被列入湘江永州至衡阳三级航道改扩建工程。长沙综合枢纽三线船闸(3 000 t 级)处于规划建设中。

(5)京杭运河

京杭运河黄河以南沿线共有 20 个航运梯级,其中山东段 7 个、江苏段 12 个、浙江段 1 个。

京杭运河山东段通航河段 270 km,规划修建了八里湾、台儿庄、万年、邓楼、长沟、微山、韩庄等 7 个梯级船闸。八里湾、邓楼、长沟船闸为单线船闸,台儿庄、微山、韩庄、万年船闸为复线船闸。

京杭运河江苏徐州蔺家坝船闸为二级通航建筑物,设计通航能力 2 000 t 级,闸室有效尺寸 230 m×23 m×5 m,于 1989 年 4 月竣工通航,目前复线船闸也已建成投入使用。

京杭运河江苏谏壁一线船闸于 1980 年 11 月正式通航运行,闸室有效尺寸 230 m×20 m×4.0 m,年设计通过量 2 100 万 t;谏壁二线船闸于 2003 年 3 月正式投入营运,闸室有效尺寸 230 m×23 m×4.0 m,最大设计船型为 1 000 t 级,年设计通过能力 2 333 万 t。

京杭运河苏北段北起徐州蔺家坝,南至扬州六圩口,全长 404 km,全程水位落差 31 m,沿程共设有 10 个航运梯级,有 28 座船闸,其中,解台、刘山梯级建设有二线船闸,皂河、宿迁、刘老涧、泗阳、淮阴、淮安、邵伯、施桥梯级建设有三线船闸。

京杭运河浙江段三堡船闸由一线和二线两个船闸组成。1989年2月,一线船闸正式通航运行,该闸为300 t级船闸,闸室有效尺寸160 m×12 m×2.5 m,设计年过闸货运量350万t;1996年12月,二线船闸竣工投入运行,该闸为500 t级船闸,闸室有效尺寸160 m×12 m×2.5 m,设计年过闸货运量550万t。

(6) 西江

百色经南宁至广州西江航道总里程1 212 km,规划标准为1 000 t级航道。南宁至广州854 km航道已达到1 000 t级标准。西江干线航道规划建设瓦村、百色、那吉、鱼梁、金鸡、老口、邕宁、西津、贵港、桂平、长洲11个航运梯级,已建船闸有效尺寸190 m×23 m×3.5 m,设计最大水头14~19 m,设计通过能力1 200万t。红水河近年相继修建了大化、百龙滩、乐滩、桥巩等船闸。船闸有效尺寸为120 m×12 m×3.0 m,设计近期一次通过2×250 t级船舶,货物年通过能力180万t,远期一次通过2×500 t级船舶。

老口枢纽通航建筑物采用的是单级船闸,等级为1 000 t级,设计年单向通过能力为1 200万t,并预留二线船闸位置。百色水利枢纽建有2×500 t级兼顾1 000 t级升船机。西津水利枢纽现有的一线船闸设计年单向通过能力仅为450万t,西津水利枢纽二线船闸3 000 t级,设计年单向通过能力近中期为2 060万t,远期可以提升到2 760万t。桂平二线船闸已完成建设,闸室有效尺寸为280 m×34 m×5.6 m,单向年过闸货运量通过能力为1 700万t。贵港航运枢纽二线船闸工程于2014年7月开工,新建1座3 000 t级船闸,闸室有效尺度280 m×34 m×5.8 m,设计年单向通过能力为3 100万t,通过代表船型为3 000 t级货船、多用途集装箱船、2×2 000 t顶推船队,于2020年12月正式建成通航;贵港二线船闸建成投产后,贵港航运枢纽一线、二线船闸的年单向总通过能力将达到4 300万t,成为仅次于长洲水利枢纽的广西第二大船闸。长洲水利枢纽一线、二线船闸于2007年5月实现双线通航,1号闸为200 m×34 m×4.5 m;2号闸为185 m×23 m×3.5 m,设计最大水头18.8 m,设计通过能力4 012万t。随着航运的发展需要,2015年1月,新建的三、四线船闸(闸室有效尺寸340 m×34 m×6.3 m)建成开通,长洲水利枢纽四座船闸的联合调度,使长洲水利枢纽年总通过能力由原来的4 012万t提升到单向1.36亿t,成为目前世界上内河通过能力最大的单级船闸。

(7) 赣江

依据相关规划,在赣江赣州以下河段修建万安、井冈山、石虎塘、峡江、新干、龙头山等6个梯级航电枢纽。万安枢纽已于1993年运行,最大设计水头为32.5 m,闸室有效尺寸为175.0 m×14.0 m×3.5 m,一次通过2×250 t级船舶。石虎塘枢纽已于2013年建成,建设1 000 t级船闸1座,年单向通过能力880万t,预留二线船闸。峡江枢纽已建成,2013年2月28日船闸首次临时通航成功,目前每月28日组织一次船闸通航。井冈山航电枢纽船闸已开工建设,船闸设计单向通过能力为946万t,并预留二线船闸位置。赣江新干航电枢纽船闸工程为三级航道标准(1 000 t级),闸室有效尺度为230 m×23 m×3.5 m,设计年单向通过能力为1 879万t,并预留二线船闸位置。龙头山枢纽于2015年开工,将建设1 000 t级船闸1座,并预留二线船闸位置。

(8) 其他河流

闽江水口采用双线通航设施,即一线三级船闸和一线垂直升船机,二者均可一次通过2×500 t级的标准船队;于1999年投入运行,总水头57.36 m,船闸每级闸室有效尺寸为135 m×12 m×3.0 m,船厢有效尺寸114 m×12 m×2.5 m,设计年货运量400万t。

湖南沅水干流五强溪单线三级船闸于1995年投入运行,总水头60.9 m,闸室有效尺寸为164 m×12 m×3.5 m,设计年货运量250万t,过坝船只最大吨位2×500 t级。

松花江干流规划建设涝洲、大顶子山、洪太、通河、依兰、民主、康家围子和悦来等8个航运枢纽工程。目前已建成营运的有1 000 t级大顶子山枢纽船闸,闸室平面有效尺寸180 m×28 m×3.5 m;洪太、通河、依兰、悦来航运枢纽已开始建设的前期工作。

淮河流域蚌埠船闸建于1959年,500~1 000 t级船舶只能季节性通航,复线船闸2010年5月建成,设计等级为三级,最大通航船舶吨位1 000 t级,年单向过闸货运量1 470万t。淮河流域还修建了临淮岗新船闸、郑埠口船闸、颍上船闸、耿楼枢纽船闸、沈丘船闸、蕲县船闸、固镇复线船闸等较大规模的船闸。目前,临泉杨桥船闸、南坪船闸、耿楼复线船闸、颍上复线船闸、五河复线船闸、阜阳复线船闸等已正式运行。

国内部分已建船闸如图1-1所示。

(a)三峡水利枢纽双线五级船闸

(b)葛洲坝水利枢纽船闸

(c) 大藤峡水利枢纽船闸

(d) 长洲水利枢纽船闸

图 1-1　国内部分已建船闸

2. 国外部分船闸有关情况

(1) 美国

美国的内河水道均统一由美国陆军工程兵团规划、开发建设、管理维护。陆军工程兵团是美国政府对其海上和内河航道进行规划、建设、管理、养护的最高行政管理机构(相当于我国的交通运输部对全国航道的管理职权),其上级是国防部陆军部,它统一管理全国4.1万条内河航道,219座船闸,172座航运梯级,320座防洪坝,82个水库,海岸、湖岸的防护工程,海港、湖港的防波堤等水域防护工程,海岸线、海港航道等。

美国的水资源管理部门在通航河流上所建船闸完工后也交给陆军工程兵团管理。例如,田纳西河是美国重要的内河通航河流,其有3个航运管理机构:田纳西河流域管理局、陆军工程兵团和海岸警卫队。三方职责分别是:田纳西河流域管理局负责通航设施,如航道、船闸及相关设施的建设;负责管理水坝、水库等兼有航运用途的综合水利枢纽等。陆军工程兵团负责管理和维护田纳西河水系上所有的船闸及其相关设备;对航道和港口进行清障;对建设影响通航的建筑物颁发许可文件;管理河道中砂石的疏浚工作等。海岸警卫队是美国武装力量的组成部分,是美国政府负责水上安全的机构,它在航运方面的主要职责是监督港航安全,设置和维护航标,清除碍航危险物,防止水污染等。

(2) 德国

德国内河航运发达,境内有7 300 km内河航道,其中主要有莱茵河、易北河、奥得河、维泽河4条南北走向的天然河流,以及15条连接天然河流的人工运河。在这些河流和运河上共建有335个船闸、4个升船机、287座堤坝、8座防洪坝以及1 300座桥梁,形成了稠密的、四通八达的内河航运体系。水路运输被认为是最环保的运输方式,德国内河水路运输量约占运输总量的23%,且一直保持在这一水平。

德国内河航运管理由德国联邦交通、建设和城市发展部下属的4个署、7个航运管理大局负责。包括德国联邦航道工程研究院(BAW)在内的四署主要负责水利技术咨询、服务和专业方向的研究;7个航运管理大局主要负责水利设施的规划、建设、运行及维护管理。7个航运管理大局在全国共有39个派出机构,即地方航运管理分局,共有员工13 000多人。在德国,通航河流由交通部统管,不通航河流由地方管理,河流的防洪都由地方政府负责。

(3) 俄罗斯

俄罗斯对内河航道管理施行中央垂直管理体制,由俄罗斯联邦运输部负责,运输部内设航道和水工总局(简称航道总局)管理航道。航道总局下设地区航道管理局及运河管理局,分别管理本地区航道及运河航道。航道上的通航枢纽(船闸)由管理本航道的航道管理局或运河管理局负责管理和维护。

(4) 比利时

比利时内河航道的开发、建设和管理,与防洪、水电、海上航道的开发建设和管理均由比利时公共工程部水道管理局统管。水道管理局下设默兹河、桑布尔河、沙勒罗瓦－布鲁塞尔运河等3个区域性管理局,负责航道及航道上水坝、船闸的管理和维护。

(5) 荷兰

荷兰交通、公共工程与水管理部是职能庞大的政府机构之一,负责铁路、公路、航道、港口、桥梁、隧道等基础设施的规划、建设和管理维护;统管水路、铁路、公路、民航、管道运输和邮电、气象;负责防洪、水情监督、防咸保淡、防御风浪、灌溉、水量和水质控制、围海造地等管理工作。交通、公共工程与水管理部下设公共工程总局等10个管理局或相当的机构,其中河流、运河、坝、堤岸、船闸、水闸和溢流坝的建设、管理和维护由公共工程总局负责。

(6) 法国

法国内河航道由国家统一管理和建设。法国运输部内陆运输局内河航运管理处是全国内河航道和内河港口建设、维护和管理的职能机构。其下直接或间接地设了6个地区航道管理局、罗纳河公司(非营利的官方机构)等机构。其中6个地区航道管理局和罗纳河公司分别负责各自辖区内的航道和罗纳河航道的管理和维护,并负责管理和维护航道上的大坝、船闸。

国外大部分国家都十分重视水资源的航运功能,将内河航运列为重要优先发展和建设目标,并在河流的开发和航道的建设方面,由国家统一投资、规划、建设、管理和维护。国家的主要航道及航道上的通航设施管理体制基本一致,实行航运一体化管理,即由国家成立统一的航道管理机构,负责航道及航道上通航设施的规划、建设、管理和维护,在河流的开发和航道网的建设方面取得巨大成就和经济社会效益。

(7) 巴拿马运河

巴拿马运河位于中美洲巴拿马共和国中部,连接太平洋和大西洋,是全球重要的航运通道。巴拿马运河主要由美国人修建,于 1914 年竣工,运河全长 81.3 km,水深 13～15 m 不等,河宽 150 m～304 m。巴拿马运河是世界最大的水闸式运河。运河连接的大西洋和太平洋水位相差较大,整个运河的水位高出两大洋 26 m,设有 6 座船闸,是一座水梯。利用水位高低的差距,运河有 3 组水闸可将船位升高 26 m,经过 8 至 10 小时的航行后,再由另 3 组水闸把船降至海平面,可以通航 76 000 t 级的轮船。船舶通过运河一般需要 9 个小时。

为了适应航运发展的需求,巴拿马运河于 2007 年 9 月开始动工扩建,在运河的太平洋和大西洋端各修建一个三级提升船闸和配套设施,扩建工程于 2014 年竣工。巴拿马运河修建的新船闸长 427 m,宽 55 m,深 18.3 m,比原有的船闸加长 40%,加宽 64%。

国外部分已建船闸如图 1-2 所示。

(a) 莱茵河船闸

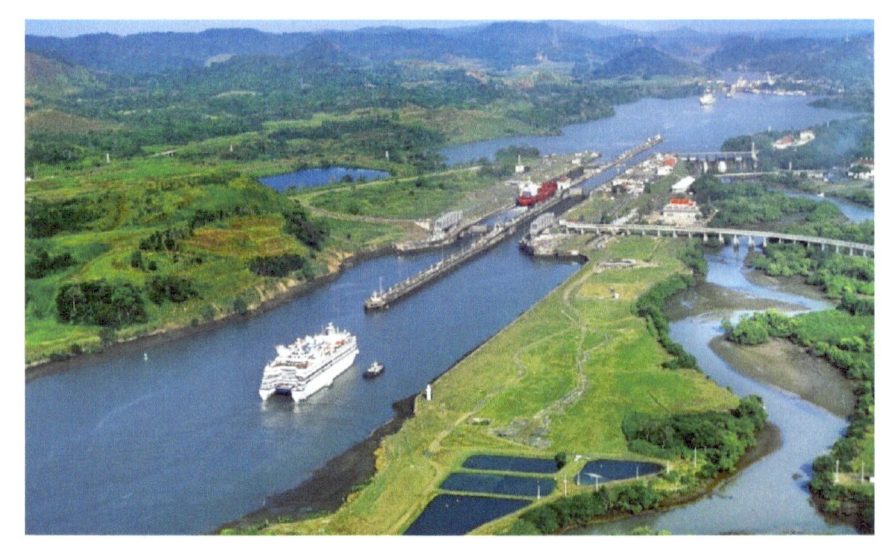

(b) 巴拿马运河船闸

图 1-2　国外部分已建船闸

1.2　船闸输水系统发展历史

　　船闸输水系统至今已经经历了几百年的发展历史。最早的船闸输水系统出现时，最初的规模相对较为简陋，应用范围较为狭窄，仅能适应较小的船闸水头和闸室尺寸。19世纪后期，建筑材料的进步一定程度上促进了船闸输水系统的发展，体现在应用于闸门及门上孔口的输水和短廊道输水的形式，但能适应的船闸水头依然较小。到20世纪初，近代工业和各种水工模型试验的进步带动了船闸输水系统的发展，集中输水系统的型式逐渐趋于完善，同时为了满足安全便捷通航的进一步需求，分散输水系统的型式应运而生，能适应的船闸水头和闸室尺寸也逐步增大。到20世纪50年代，船闸输水系统的发展进入了新的发展阶段，布置方式更为完善，同时出现了大型船闸等惯性输水系统，以满足高水头输水系统的需求。该船闸输水系统极大提升了原有系统的输水效率，闸室船舶条件更为安全平稳，并持续应用至今，且随着船闸水头和闸室尺寸的不同，进一步衍生出诸多的布置型式，如：2区段出水、4区段出水和8区段出水等三类布置型式。基本型式如图1-3所示。到20世纪90年代，我国船闸建设进入迅猛发展阶段,并陆续在包括长江、西江、京杭运河等高等级航道内建设完成百余座通航船闸,如:三峡连续五级船闸、葛洲坝船闸、长洲枢纽一至四线船闸、贵港船闸等。

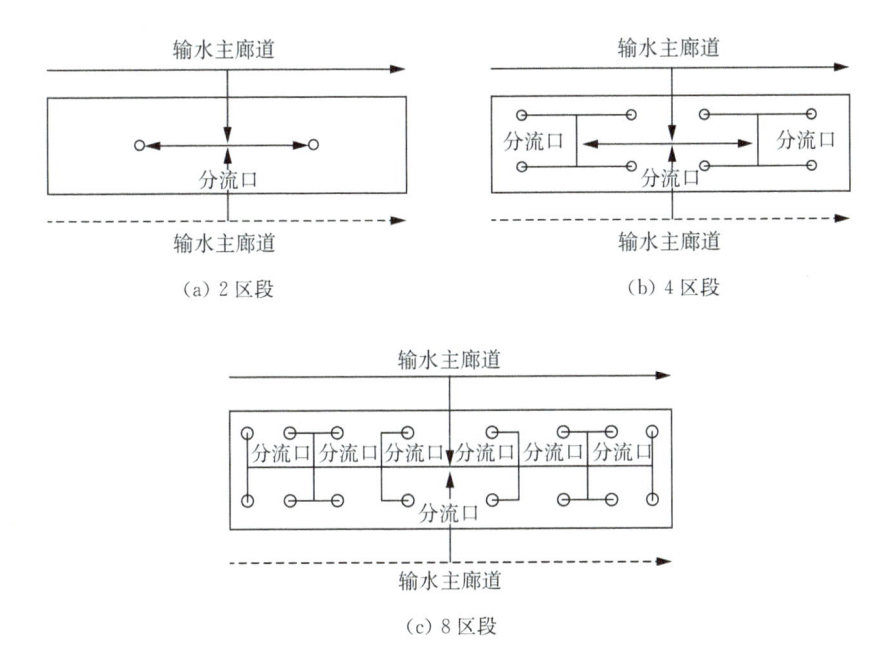

(a) 2 区段

(b) 4 区段

(c) 8 区段

图 1-3　等惯性输水系统基本型式

我国在总结中华人民共和国成立以来船闸建设的实际经验、科研成果以及国外先进技术的基础上,于 1987 年编制了我国第一部船闸设计规范。此规范的实施,对我国船闸工程的建设起到了重要的作用,但随着社会的进步,原规范的内容逐渐不能满足船闸发展建设的需求。此外,国内诸多更为先进的船闸逐步实施建设并投入使用,为我国船闸工程的建设提供了宝贵的设计及运行经验。为进一步发挥设计规范的指导作用,全面体现我国船闸输水系统在设计、科研以及运行等方面的先进科技成果,国家修订完成了《船闸输水系统设计规范》,再次发挥了关键指导作用。

苏联、美国、荷兰等国家针对船闸输水系统的研究相对较早。早在 20 世纪 30~40 年代,苏联学者卡洽诺夫斯基所发表的《船闸水力学》、比利时德乌斯所发表的《通航船闸》,对船闸水力学的相关问题进行了较为系统的阐述。在 20 世纪 70 年代,美国陆军工程兵团水道试验站针对船闸水力学的相关问题编制了相应准则,而荷兰代尔夫特水工实验室也针对船闸输水系统的若干问题开展了研究。

1.3 船闸输水系统布置型式及选型

船闸输水系统是完成船闸充泄水的主要水力设施,从上游至下游包括进水口、阀门段、输水廊道、出水口、消能工和镇静段等主要部分。船闸输水系统的布置型式在设计时既要满足充泄水的时间要求,又要保证停泊于闸室的船舶受输水孔附近水流不利影响较小。由于船闸输水系统的布置型式直接影响到船闸的船舶通过能力、安全性以及工程建设的经济性,因此其研究是船闸设计中的重点。

船闸输水系统主要包括集中输水系统和分散输水系统两种。集中输水系统是指将闸室进水口集中布置在上闸首或上闸首附近,将闸室出水口集中布置在下闸首或下闸首附近。而分散式输水系统是在闸室侧墙或底板内布置纵向长输水廊道,再利用多个出水支孔与闸室相连,水流通过长廊道和支孔进出闸室。分散输水系统又包括简单式分散输水系统和复杂式分散输水系统。复杂式分散输水主要是闸室前后多区段同时出水的复杂布置型式。

一般来说,集中输水系统多用于低水头船闸工程,因为它具有水流能量集中、流态较差的特点。而分散输水系统虽然也有结构复杂、造价较高等缺点,但它的优点更加明确:水流分布比较平均,消能效果较集中输水系统有明显改善,故在中高水头船闸中使用较多。

因此,船闸输水系统的布置型式及选型,影响着闸室内部的水流条件和附属构筑物的安全。

针对船闸输水系统布置型式的选择,不同的国家制定了相应的标准。

我国推荐采用下式初选船闸的输水系统型式:

$$m = \frac{T}{\sqrt{H}} \quad (1-1)$$

式中,m 为判别系数;T 为输水时间(min);H 为设计水头(m)。

当 $m<2.5$ 时,采用分散输水的布置型式;当 $m>3.5$ 时,采用集中输水布置型式;当 $2.5≤m≤3.5$ 时,需开展技术论证确定布置型式。

苏联在船闸输水系统布置选型时,主要考虑的是工程投资额。在设计船闸输水系统布置型式时,当船闸水头在 15 m 以下时,集中输水系统与分散输水系统相比,工程投资额的减少范围在 10% 至 60% 之间。因此,其指导建议 $H·L<2\,000$ 以及 $H/h<3$ 时,主要考虑采用集中输水的布置型式(其中,H 指船闸设计水头,L 指闸室长度,h 指闸室的坎上水深);当闸室水头为 18～20 m 时,则考虑采用分散输水的布置型式。

美国则根据船闸所处航道上下游的水头差,来设计船闸输水系统的布置型式,具体参考指标如表 1-1 所示。

表 1-1 美国船闸输水系统的布置型式选择

船闸设计水头	超低水头 ($H<3.5$ m)	低水头 (3.5 m$<H<12.2$ m)	高水头 (12.2 m$<H<30.5$ m)	超高水头 (30.5 m$<H$)
船闸输水系统布置型式	集中输水系统	闸墙廊道短支管或闸底横支廊道输水系统	闸底纵支廊道等惯性输水系统	需开展针对性试验研究

虽然不同的国家针对船闸输水系统的布置型式有不同的指导规则,但最终设计型式均可满足本国的工程使用需求。除此以外,闸室的结构型式、船闸的规模、周边地质条件以及工程造价等因素,也需要作为关键因素进行考虑。

1.4 船闸输水系统水动力学研究

伴随着内河航运的蓬勃发展,船闸的工作水头及尺寸在逐步扩大,船闸输水系统的水动力学问题也日益凸显。为了保证船闸的高效和安全运行,诸多学者针对船闸输水系统的水力学开展了详细研究。当前,针对船闸输水系统水动力学的研究方法有多种,其中主要包括原型观测研究、物理模型试验研究以及数学模型数值研究。

1.4.1 原型观测研究

船闸输水系统的原型观测研究对于船闸安全高效运行具有重要的意义,通常分为有水观测和无水观测两种方式,并且主要针对引航道水流流态、船舶停泊条件、船闸输水系统的水动力特性以及阀门空蚀空化等内容开展监测。1994 年,胡亚安等对葛洲坝一号船闸进行了系统观测,并重点分析了输水闸门的空化特性,首次揭示了阀门开启的最初时刻,底缘和底板之间可能出现裂隙空化的现象。2008 年,胡亚安等还针对红水河大化输水系统有水调试工况下的充泄水水力特性进行了研究,认为通过对输水阀门开展优化,可以较好解决大化船闸运行过程中复杂的水力学问题,其研究成果为船闸的安全通航提供了重要保障。2011 年,刘平昌等为验证水力学物理模型研究成果的准确性,对渠江金盘子船闸输水系统开展了水力学原型观测,研究成果为高水头船闸的原型运行积累了宝贵经验。2020 年,王力军等在兴隆船闸通航过程中面临船舶类型及阀门运行方式与设计方案不一致的情况下,开展了兴隆船闸输水系统的水力学原型观测,最终提出了行之有效的优化方式。2022 年,欧阳彪等针对北江清远枢纽二线船闸输水系统平面尺度较大的特点,为探明船闸充泄水的水力特性、船舶停泊条件等关键问题,开展了船闸输水系统的原型观测和实船试验,最终对监测结果进行了详细分析,解决了预期问题。

1.4.2 物理模型试验研究

由于船闸输水系统结构复杂、尺度较大,物理模型试验研究成为了较为常用的一种研究方法。通常情况下,物理模型试验研究主要针对闸室的充泄水时间、船闸充泄水的水力特性、输水廊道的压力分布以及船舶系缆力等监测指标。2017 年,宁武等采用物理模型试验,对柳江红花二线船闸输水系统的水力特性、船舶停泊条件以及进出口水流条件开展了研究,提出了较为合理的优化布置方式。阚延炬等通过开展物理模型试验,对蜀山泵站枢纽船闸输水系统输水过程中的水力特性、船舶停泊条件以及引航道水流条件进行了研究,并对各水力指标进行了优化。2019 年,王鑫等基于物理模型,研究了中水头闸底长廊道侧支孔船闸输水系统的优化布置方案,经物理模型试验优化后,各水力特性均可满足要求。此外,诸多学者也采用各工程比尺针对不同船闸输水系统工程开展了物理模型试验研究,通过分析试验结果并开展相应优化后,使得船闸输水系统各水力指标可满足相应的要求,对于实际工程的建设起到了良好的指导作用,体现出了物理模型试验研究的重要作用。

1.4.3 数值模拟研究

随着计算机技术的不断发展,针对船闸输水系统开展数值模拟研究,也成为一种应用较为广泛的研究方法。数值模拟研究的特点在于计算精度相对较高、便于开展模型优化、经济性较好。早期由于受数值模拟技术的限制,研究过程中多将船闸输水系统简化为一维或二维来开展水动力学问题的研究。计算机软硬件的快速发展极大促进了数值模拟技术的提升,因此,三维数值模拟技术在船闸输水系统的研究中得到了广泛应用。依托三维数值模拟的优势,可以更加便捷地针对船闸输水系统的水力特征开展研究。2010年,杨忠超等基于VOF和动网格技术对船闸阀门的开启过程进行了三维数值模拟,重点分析了体型参数对流速、流态及压强分布的影响,最终得出最优体型。2015年,陈明等运用RNG k-ε 三维紊流模型,开展了泄水过程中闸室船舶系缆力的数值模拟研究,并分析了辅助消能工的功能和效果。2018年,杨艳红等针对我国已建工程,建立了高水头大尺度船闸输水系统的三维紊流数学模型,通过开展闸室充水的水力特征数值模拟,阐明了闸室三维流场分布以及明沟消能机理。2009年,Hammack等通过开展约翰德船闸的输水阀门廊道的三维数值模拟研究,分析了典型阀门开度工况下的流速和压力分布,得到了相应的水力学特征参数。Stockstill等采用相同的数值计算方法,对闸室自由表面采用滑移网格技术进行捕捉,对美国某船闸的整体输水系统水动力学进行了三维数值模拟。其他学者也基于数学模型开展过大量研究工作。通过对船闸输水系统开展数值模拟研究,可以达到监测水力特征参数、优化体型的目的,对实际工程的建设发挥了重要指导作用。

1.5 研究展望

当前针对船闸输水系统的三维仿真数值模拟方法已经逐渐成熟,可以较好地分析出研究区域的流速、压力分布及流场形态等水力特征参数,但针对船舶的受力仿真模拟技术相对欠缺,目前还多依赖于原型或物理模型的试验监测,相应的模拟技术有待完善。

由于船闸输水系统结构复杂,虽然现如今的结构布置型式已经不断优化完善,但阀门段廊道仍然有发生空蚀、振动的危害可能性,且闸室消能设施的消能效果偏低,不利于船舶的安全停泊,需结合多种方法进行研究,提出更为经济安全的船闸输水系统结构布置型式。

第 2 章

百龙滩枢纽概述

2.1 概况

红水河是珠江流域西江水系的中上游河段,始于南盘江与北盘江汇合处的两江口,止于广西来宾石龙三江口,全长 656 km;于石龙三江口与柳江汇合后称黔江,在桂平与郁江汇合后称浔江,在梧州接纳桂江后称西江,西江与合江、北江汇合后流入南海;河流主流从贵州蔗香两江口至南海入海口磨刀门总长 1 270 km。红水河是珠江水系西江上游的主干流,上连滇、黔、桂三省(自治区),下连粤、港、澳地区,是西南地区重要的水运出海通道。

近年来,红水河水资源开发步伐明显加快,目前红水河已建成天生桥一级、天生桥二级、平班、龙滩、岩滩、大化、百龙滩、乐滩、桥巩、大藤峡等水电枢纽。红水河梯级开发示意图如图 2-1 所示。

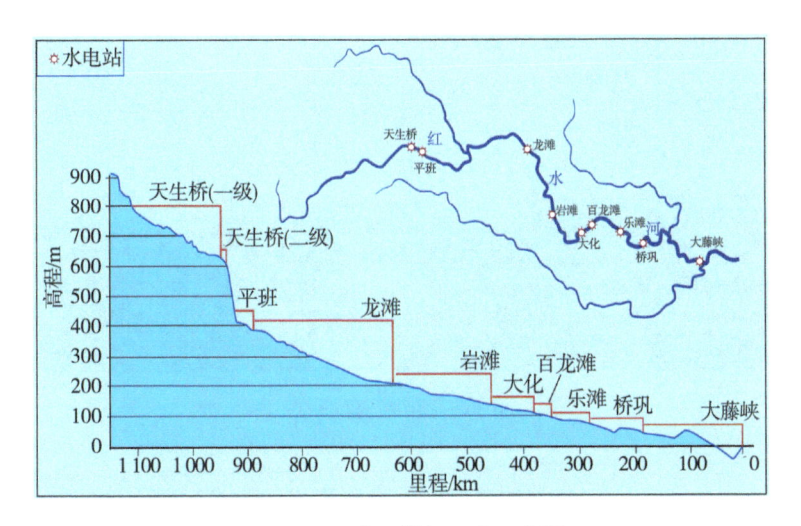

图 2-1 红水河梯级开发示意图

百龙滩水电站位于广西马山县,距南宁市约 147 km,是红水河梯级开发的第七级电站,是一座以发电为主,兼有航运等综合利用效益的中型水电枢纽工程。其上游距大化水电站 27.6 km,下游距乐滩水电站 76.2 km。电站共安装 6 台单机容量为 32 MW 的灯泡贯流式机组,总装机容量 192 MW。枢纽主要建筑物包括左岸溢流坝、右岸厂房、船闸、冲沙闸、接头土石坝和开关站等，工程等别为Ⅲ等。

百龙滩水电站（图2-2）始建于1993年，船闸为后续建设工程，于2005年开工建设，于2007年6月5日实船通航成功，2010年9月竣工正式通航。现有通航建筑为500 t级船闸（下游引航道仅能通过250 t级船舶）。原船闸是一座单级船闸，布置于枢纽右岸滩地，纵轴线与坝轴线正交，主要由上游引航道、上闸首、闸室、下闸首和下游引航道等部分组成，总长度约为1 170 m。船闸左侧紧邻电站厂房，右侧是一孔10 m宽的船闸冲沙闸。

拟建百龙滩船闸改扩能工程按最大通过1 000 t级船舶设计，闸室有效尺度为230 m×23 m×4.8 m（长×宽×门槛水深，下同）。单向年设计通过能力（下行）为1 250万t，总投资约14亿元，总工期约42个月。该工程主要包括通航明渠、闸首、闸室、导航墙、隔流堤、引航道、锚地及边坡、交通工程及附属工程。

图2-2 百龙滩水电站

2.2 自然条件

2.2.1 流域概况

红水河是珠江流域西江水系中上游河段，其流域地理位置位于东经

102°10′~109°30′,北纬23°04′~26°50′,横跨滇、黔、桂三省(自治区);其上游称南盘江,发源于云南省曲靖市沾益区马雄山。南盘江自西向东流经黔、桂边界的蔗香村,与北盘江汇合后称红水河。红水河在天峨县境进入广西,流经龙滩、岩滩、大化、百龙滩、乐滩、桥巩水电站后至象州县石龙镇三江口处与柳江汇合,改称黔江。

红水河流域面积130 870 km²,其中百龙滩坝址以上流域面积112 500 km²,占红水河流域面积的86%。红水河上游分南、北盘江,流域较宽阔;下游流域较窄长,无大支流汇入,沿程汇入的支流主要有蒙江、曹渡河、布柳河、罗富河、盘阳河、灵岐河、刁江及清水河。

红水河自源头至柳江汇合口,干流全长1 553 km,河道弯曲、滩多水急,河流比降较大;其中自蔗香以下红水河干流河长659 km,枯水落差254 m,河流坡降约0.39‰。由于河道穿越高山峡谷之间,流经岩溶地区,沟槽下切较深,枯水期一般水深15~20 m,水面宽约100 m;洪水期一般水深40~50 m,水面宽200~400 m。洪枯水位变幅一般为35~45 m;特大洪水时,部分河段水位变幅高达50 m。

红水河流域地势呈西北高,东南低;流域上游南、北盘江属云贵高原的一部分,地势高而较平坦,流域中游位于云贵高原的东南坡,地处在云贵高原向广西丘陵的过渡地带,山岭起伏,平地及大片农田极少。流域中、上游一般高程为1 000~2 000 m;下游广西境内丘陵地区一般高程为200~1 000 m。

流域地表土壤大部分为黏土、亚黏土及粉沙土。流域地质情况比较复杂,上游南、北盘江多属砂页岩地区,植被情况较差,水土流失较严重。南、北盘江以下大部分为石灰岩地区,岩溶较发育,沿河有较多的地下暗河从两岸注入,广西境内植被一般较好,水土流失较少。

红水河蕴藏着丰富的水力资源,红水河综合利用规划报告提出了从南盘江的天生桥到黔江大藤峡的十级开发方案,并于1981年通过了国家能源委员会和国家计划委员会审查,百龙滩水电站是红水河梯级的第七级电站,是一座以发电为主,兼顾航运的低水头河床式径流水电站,坝址以上集水面积为112 500 km²,占红水河流域面积的86%。目前上游已建成发电的有大化、岩滩、龙滩、平班及天生桥一级与二级水电站。由于上游这些电站的建成,尤其上游天生桥一级、龙滩这两个大型调节水库的建成,下游红水河的水沙条件将发生变化,百龙滩水库入库径流将得到很好调节,主要表现为入库洪峰将有所削减,枯水径流将略有增加,入库泥沙将会减少。

2.2.2 气象

红水河流域地处亚热带气候区,气候温和,雨量充沛。由于流域跨越经纬度较大,流域上下游气温、降雨差异较大。一般降雨呈自上游向下游递增,年极端最低气温上游可达－15℃,下游不到－1℃。年降雨量中上游地区一般为1 000~1 300 mm,下游一般为1 400~1 700 mm,年雨量分配很不均匀,约80%的雨量集中在4月~9月。形成降雨的天气系统主要为锋面、涡切变,也是造成全流域较大洪水的主要原因。流域下游也受到台风外围的影响,一般出现在8月份,但台风造成全流域较大洪水的情况极少。年蒸发量分布与降雨量呈相反趋势,上游较大,下游较小。

百龙滩水电站坝址的气象要素统计,主要依据其下游约10 km处的都安水文站、以北12 km的都安县气象站及以南16 km的马山县气象站观测资料。都安水文站自1953年起有雨量观测;都安县、马山县气象站分别于1953年、1957年起有气象观测。根据都安气象站(水文站)资料统计,多年平均降雨量为1 717.6 mm,多年平均气温为21.3℃,年极端最高气温为39.6℃(1990年8月22日),年极端最低气温为0.4℃(1955年1月12日)。多年平均蒸发量为1 204.4 mm,年最大蒸发量为1 351.9 mm(1956年);多年平均水温为21.4℃。

2.2.3 水文

(1) 水文基本资料

红水河流域水文测站始于20世纪30年代。自1936年起在干流即设立了东兰、都安、迁江水文站;中华人民共和国成立后,自1951年至1963年,在红水河及上游南、北盘江又先后设立了盘江桥(1951年)、蔗香(1953年)、江边街(1954年)、这洞(1957年)、天峨(1959年)、坡脚(1963年)等水文站。目前坝址上游有水文站、水位站共72个(水文站61个,水位站11个),其中南盘江46个,北盘江11个,红水河干支流15个。

百龙滩坝址以上有蔗香、天峨、东兰、驮墨等水文站;下游有都安、乐滩、迁江等水文站。坝址上下游主要水文站、水位站分布及测验情况见表2-1。

表 2-1 百龙滩坝址上下游主要水文站、水位站测验情况表

站名	所在地名	集水面积（km²）	占百龙滩坝址集水面积(%)	测验项目 水位	测验项目 流量	测验项目 泥沙
天峨	天峨县六排镇	98 500	87.6	1959至现在	同左	同左
东兰	东兰县安篓村	102 300	90.9	1936—1994.1 缺1944.7—1945.7	1937—1944 1946—1949 1952—1964	1952—1964
岩滩义午	大化县岩滩镇义午村	106 580	94.7	1959—1960 1962—1964 1975—1994	—	—
岩滩	大化县岩滩镇义午村	106 580	94.7	1994.6—1998.5 2000.5—2002	同左	—
驮墨	大化县驮墨村	109 200	97.1	1954至现在	1954—1959	1955—1959
百炼	大化县百炼村	109 500	97.3	1972—1973	—	—
大化	大化县大化乡	112 200	99.7	1973—1981.5	1977.12—1981.5	—
百龙滩	都安县	112 500	100	1989.3至现在	—	—
都安	都安县红渡村	113 500	100.9	1936—1943 1945.6—1945.10 1948至现在	1936—1943 1945.6—1945.9 1948—1951 1958至现在	1961至现在
乐滩	忻城市红渡镇	118 000	104.9	1971 现在	—	—
迁江	来宾市迁江镇	122 500	108.9	1936.4—1939 1942—1944 1946—1947 1949 1951至现在	1936—1940 1951至现在	1954至现在

  百龙滩水电站坝址上、下游主要有天峨水文站、东兰水文站、都安水文站及迁江水文站。东兰、都安和迁江站均为1936年起开始设站观测（其中东兰站资料在1991年岩滩水电站蓄水后受到影响），天峨水文站于1959年开始设站观测。这些站均为国家设立的基本站网，1949年10月1日后均按规范进行观测及整编刊印资料，之前的资料在以前进行河流规划及各梯级电站设

计中已由多个单位进行考证、审查、整编,并由流域机构组织审定汇编成册,资料可靠。

在百龙滩坝址下游约 10 km 处有国家站网设置的都安水文站,集雨面积较坝址大 0.9%,实测资料年限较长,基本资料已经过多次审编和刊印,可作为百龙滩水电站水文计算的主要依据站。东兰水文站 1992 年受岩滩水库蓄水所淹而搬迁;其余各站集雨面积与百龙滩坝址相差亦不超过 12.4%,均可作为坝址水文分析计算的参证站。

百龙滩电站水情测报系统于 1997 年开始建设使用,后经多次升级改造,本次收集到该系统 2004—2021 年出、入库流量及坝址上下游水位资料。

其中,百龙滩水位站于 1989 年 3 月设立,在坝址上、下游各设立一组水尺,水位基面为珠江基面,与黄海基面关系为:珠江基面+0.49 m=黄海基面。

水位观测由都安水文站负责,测验要求根据设站目的及观测规范要求进行。水位观测:枯水期每天 2 次;洪水期每天观测 3~4 次,并施测洪峰水位,历年实测最高洪水位 145.34 m(下水尺)。观测水位经与下游都安水文站水位对照检查,水位观测资料可靠,并已整编。

百龙滩水位站曾于 1991 年 8 月—1992 年 8 月施测右岸滩地流量一年,共测流 43 次,均采用流速仪常测法施测;实测右滩地最大流量为 3 630 m³/s,相应水位 135.42 m。将 43 次测流流量与相应水位点绘于曲线图上,可观察到其点子密集于单一曲线上,其水位流量关系极好,说明施测的流量成果可靠,流量测验成果较好。

(2) 径流

流域内径流主要由降雨形成,径流年内分配基本上与降雨相应,约 80%的水量集中在洪水期 5—10 月,枯水期为每年 11 月—次年 4 月,最枯流量多出现在 2—4 月。

1993 年以前,大化电站上游红水河干、支流均未有大型有调节能力的水电工程建成,都安水文站实测为天然径流成果。如今红水河已建成多个梯级,如上游南盘江上的天生桥一级(1998 年 12 月)、天生桥二级(1992 年 12 月),红水河已建龙滩(2006 年 9 月下闸)、岩滩(1992 年 9 月)、大化(1983 年 12 月)和百龙滩(1996 年 2 月),这些水电站的建成对下游径流产生一定影响。

天生桥一级水电站虽为不完全多年调节水库，但电站与百龙滩水电站相距较远，水文气象特性有较大差异，因而可认为两地来水相关关系不密切。天生桥一级水电站坝址控制流域面积50 139 km²，仅为都安水文站控制流域面积的44%，两者区间流域面积为62 361 km²，区间面积较大，考虑到两地水文气象特性存在较大差异及区间来水的不确定性，天生桥一级水电站下游岩滩、大化、百龙滩、乐滩、桥巩水电站历次设计均不考虑天生桥一级水电站的影响。

天生桥二级水电站属径流式电站，对径流基本无调节作用，其对都安水文站径流的影响可忽略不计。

大化水电站仅起日调节作用，调节库容很小，因此可认为大化水电站运行后对都安水文站径流的影响较小，可不考虑。

百龙滩水电站以发电通航为主要任务，水库无调节能力，为径流式电站，因此百龙滩水电站运行后对都安水文站径流的影响可忽略不计。

根据延长后百龙滩坝址1946年—2021年共76年的径流系列统计，按数学期望公式计算经验频率，用矩法计算统计参数初始值，采用$Q_0 = 1\ 920$ m³/s、$C_V = 0.23$、$C_S = 2C_V$，P-Ⅲ曲线适线，计算得出本阶段百龙滩坝址各频率径流成果。本次计算考虑到采用的系列相较技设阶段延长了30多年，系列的代表性更好，因此本阶段采用本次计算的成果，百龙滩水电站年径流频率成果见表2-2。

表2-2 百龙滩坝址年径流频率计算成果表

均值 Q_0 (m³/s)	C_V	C_S/C_V	不同频率年平均流量 Q_P (m³/s)				
			10%	50%	75%	90%	95%
1920	0.23	2	2 500	1 890	1 610	1 380	1 260

（3）洪水

红水河流域洪水主要由降雨形成，其发生季节以及地区来源与暴雨发生情况基本一致。每年4月降雨渐多，河流5月份开始进入汛期，一般至10月底结束，洪峰主要出现在6月、7月、8月三个月，尤以7月最多，占41.5%。据调查，刻记的12次洪水中，就有10次出现在7月。流域洪水过程以双峰、多峰型为主，较大洪水一般多为双峰型。一次洪水过程，双峰型历时一般约21天，多峰型历时一般约26天。红水河洪水起涨较快、退水较慢,上涨历时约2~4天,退水历时约5~10天;洪峰持续时间一般为2~5小时。

按延长之后的百龙滩坝址1936—2021年共86年洪水系列,加入1871年以来的12次历史洪水,与实测洪水组成一个不连序系列进行频率计算,考证期为151年。历史洪水的经验频率采用数学期望公式计算,实测系列各项经验频率采用条件概率公式计算,先采用矩法计算统计参数初始值,然后通过P-Ⅲ曲线适线,确定统计参数值,得出百龙滩坝址设计洪水成果(见表2-3)。百龙滩坝址年最大洪峰流量频率曲线见图2-4。

表2-3 百龙滩坝址设计洪水成果表

频率(%)	0.02	0.1	0.2	0.5	1	2
洪峰流量(m³/s)	31 400	29 600	28 300	27 200	25 300	23 400
频率(%)	3.33	5	10	20	33	50
洪峰流量(m³/s)	21 900	20 700	18 500	16 200	14 300	12 500

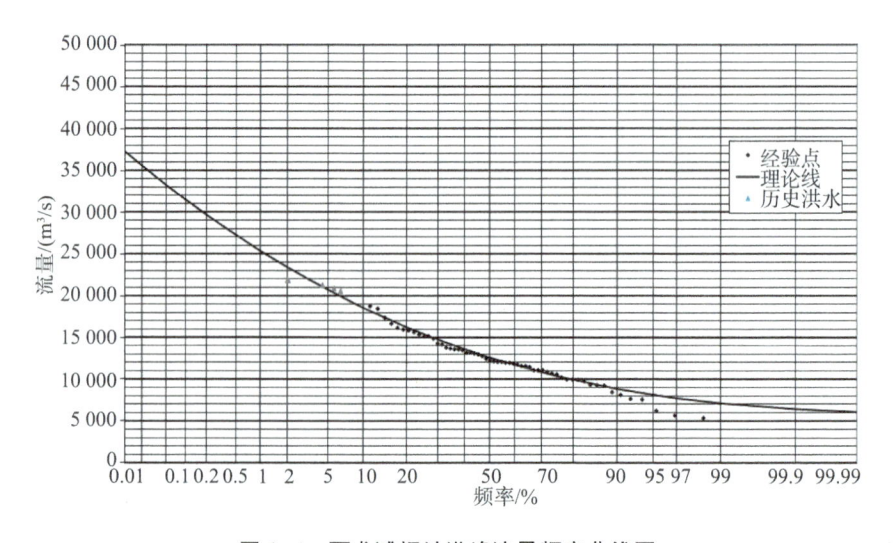

图2-4 百龙滩坝址洪峰流量频率曲线图

2.2.4 泥沙

红水河是广西泥沙较多的河流,泥沙主要来源于红水河干流天峨以上,天峨以下主要为石灰岩地区,地表覆盖层好,产沙量较少。1980年以后,红水河上陆续建成了大化、岩滩、天生桥一级、天生桥二级电站,这使红水河输沙条件发生了很大变化,尤其1992年大化坝址上游岩滩电站建成发电后,拦截了其坝址上游将近60%的泥沙。目前岩滩坝址上游的龙滩电站已于2007年投产,基本上拦截了天峨以上的来沙量,只有部分粒径为0.01 mm及其以下冲泄质过坝。所以乐滩坝址上游这些梯级建成后,其入库及过坝泥沙将比原来大大减少。

百龙滩水电站悬移质泥沙主要来自大化水电站下泄加上百龙滩~大化区间来沙。但由于百龙滩~大化区间无较大支流,区间植被较好,故区间来沙量较小。

由于上游已有大化等水库拦截,其推移质仅为区间来沙,泥沙数量很少。

据都安水文站1961—1990年悬移质泥沙资料统计,多年平均悬移质输沙量为5 528万t;多年平均含沙量为0.867 kg/m^3,输沙量的年内分配较水量更为集中,汛期5—10月输沙量占全年输沙量的97%,而6月、7月、8月占全年输沙量的75%。

红水河无实测推移质资料。南盘江1966年在天生桥二级电站设计时曾在巴结专用水文站测验推移质,时间不足一年,推算年输沙量为66万t,约占年悬沙量的3%。按此比例,都安水文站以上1961—2000年悬移质年平均输沙量为5 420万t(还原后),则其相应的推移质年输沙量约为163万t。现百龙滩上游已有多级水电站投入运行,已将坝址以上流域产生的推移质拦截,百龙滩水库的推移质输沙量仅为区间的产沙量,按以上类比法,估算该区间多年平均年推移质产生量为0.435万t。

2.3　工程地质

2.3.1　区域地质及场地适宜性

百龙滩船闸改扩能工程所在地区的地震动峰值加速度为0.05g,动反应谱特征值为0.35 s,相应地震基本烈度为Ⅵ度。未发现活动性大断裂,属区域构造相对稳定地区,场址工程地质条件良好,适宜修建船闸工程及其他附属工程。

2.3.2 工程区工程地质条件

(1) 船闸工程区

船闸位于坝址河床右岸基岩滩地边缘,原地面高程 106～120 m。滩地之上为一级基座阶地,阶地高程为 150～157 m,阶地宽 20～200 m,阶地上冲积层厚度 0～25 m,人工堆积 0～15 m。

工程区地层主要有第四系(Q)覆盖层、三叠系(T)及二叠系(P),现分述如下:

船闸区岩层为单斜构造,走向为 340°～350°/SW∠30°～45°,与河流方向夹角 70°～80°,倾向上游。主要断层按其走向归纳为如下三组:①北西向组,主要有 F9 断层。断层出露于电站坝址右岸上游滩地,斜切大婆山及坝线,经厂房往东南与 F16 相交,可测长约 1 400 m,断层走向 N65°～75°W,倾向 SW 或 NE,倾角 80°～90°,为左行平移正断层。层水平断距 10～30 m,垂直断距 17 m,断层破碎带宽 0.5～9.0 m。构造岩为压碎岩、片状岩、方解石及少量断层泥。断层带平均纵波速 V_p = 3 420 m/s。断层在航下 0+154 至航下 0+260 段斜穿现状下闸首及现状下引航道右上侧,并往下游延伸至现状 4# 靠船墩部位。②北北西向组,主要有 F16 断层,分布于尾水渠及现状船闸下引航道中段,斜穿河床,延伸长约 1 000 m,为逆断层。断层走向 N5°～20°W,倾向 SW,倾角 70°。破碎带宽 0.5～1.0 m,构造岩为糜棱岩、压碎岩。此外北北西向断裂尚有 F23、f970 断层,但规模较小,均属左行平移断层。其中 F23 断层分布在现状下引航道出口右侧;f970 断层分布在现状闸室右侧冲沙闸出水道内。③北东东向组,主要有 F24、f662、f849、f990 断层,断层规模较小。其中 F24 分布于现状下引航道左隔水墙,产状 88°/SE∠85°,与下引航道近平行;f662 分布于现状船闸上闸首。向北东方向延伸至 F9。这些小断层均为 F9 断层分支,具右行压扭性特征,断层破碎带宽 0.1～0.7 m。构造岩为片状岩、压碎岩及少量断层泥。

(2) 下游航道左岸开挖边坡工程区

下游航道左岸开挖边坡为Ⅰ级基座阶地,阶地目前顶高程 150～160 m,阶地宽 220 m 左右;阶地上覆冲积粉质黏土和人工填筑的粉土夹粉砂。阶地下接边坡为顺向边坡,坡度为 35°～45°,坡面局部岩体由于两组陡倾角结构面切割形成的楔形块体沿层面发生了滑塌,并在层面之上覆盖了厚约 2 m 的粉质黏土;临河边坡呈陡倾角,多可见沿结构面发育的溶槽和小型溶洞。

下游航道开挖边坡出露地层主要有第四系(Q)覆盖层及二叠系下统茅口组(P_1m)。

下游航道开挖边坡工程区为单斜构造,灰岩岩层层面产状 250°~260°∠35°~45°。开挖边坡工程区主要发育两组结构面:①130°~150°或 310°~330°∠65°~80°;②40°~65°或 220°~245°∠55°~75°。

2.3.3　各建筑物工程地质条件及评价

(1) 上游靠船墩:2#墩~5#墩基岩顶板高程均低于设计建基面高程 119 m,不能满足建基面要求,建议采用桩基,可考虑桩基地面高程取 106 m;6#墩基岩顶板高程较设计建基面高程 119 m 低约 20 cm(位于 6#墩右侧钻孔揭露),建议适当降低建基面高程;7#墩~12#墩设计建基面岩体为青灰色~灰色、弱~微风化的泥岩和泥灰岩,岩体完整性较好,力学强度较高,满足建基面要求。

(2) 上游靠船墩部位开挖边坡 1#墩~6#墩段最低处的基岩面顶高程为 113.96~118.86 m,基岩与覆盖层界线的倾角 3°~10°。岩层与边坡面近垂直,对边坡稳定性有利。边坡开挖的底高程 120.5 m,高于基岩面 2~6 m,且坡脚长期位于河水位以下,拟按 1∶2 的坡比开挖边坡,此坡比高于粉土、粉砂的水下稳定坡角,针对此需采取有效的措施以保证开挖边坡的稳定性。上游靠船墩部位开挖边坡 7#墩~12#墩段最低处的基岩面顶高程为 120.68~125.45 m,基岩与覆盖层界线的倾角小于 10°。岩层与边坡面近垂直,对边坡稳定性有利。边坡开挖后,在做好排水和护坡的情况下,稳定性较好。护坡部位灌注桩挡土墙的基岩面顶高程为 124.5~125.5 m,基岩与覆盖层界线的倾角小于 10°。将灌注桩挡土墙的桩底置于弱风化岩体一定深度内,以保证挡土墙的稳定性。

(3) 上游围堰轴线相对隔水层(透水率<8 Lu)顶高程 101.4~112 m,埋深 5.3~19.8 m。

(4) 下游靠船墩:1#墩建基面以下约 7 m 岩体完整性较差,不能满足建基面要求,建议进行固结灌浆处理;3#墩建基面下 2 m 为粉质黏土,建议清除,其下约 7 m 岩体完整性较差,不能满足建基面要求,建议进行固结灌浆处理;10#

墩建基面以下约 10 m 岩体完整性较差,不能满足建基面要求,建议进行固结灌浆处理;12#墩在高程 72 m 以上岩溶形成的充填粉质黏土夹碎石的溶洞较为发育,建议采用桩基,并深入至高程 72 m 以下的完整岩体中;2#墩、4#墩~9#墩和 11#墩建基面岩体完整性较好,钻孔岩芯以柱状为主,满足建基面要求。

(5) 下游拟开挖边坡面基岩面出露高程在航下 0+330~航下 0+490 为 124~126 m,航下 0+490~航下 0+750 为 114~118 m。上部覆盖层由上至下分别为填筑的碎石土、粉质黏土、冲洪积的粉质黏土夹碎石、粉质黏土夹粉土、细砂透镜体及残积的粉质黏土混风化泥岩泥灰岩岩块;下部岩体为 P_2 和 P_1m 的含硅质结核及硅质条带灰岩夹煤层,溶蚀现象发育,钻孔中可见 1~2 m 粉质黏土充填或半充填的溶洞,现场高程 120 m 以下未支护岩体边坡可见宽约 1 m 的溶槽,内部充填或半充填粉质黏土及碎石。岩层倾向为 250°~260°,与边坡面大角度相交,且倾向坡内,对边坡稳定性有利;基岩覆盖层分界面倾向坡外,但倾角较缓,一般低于 15°,为水上边坡,稳定性较好。

(6) 下游围堰轴线相对隔水层(透水率<8 Lu)顶高程 90.5~104.2 m。

(7) 下游航道左岸开挖边坡沿基岩/覆盖层分界线滑动的可能性很小;左岸开挖边坡高约 40 m,为顺向边坡,且灰岩岩层倾角为 35°~45°,对边坡稳定不利,另外,灰岩岩体沿层面存在泥化夹层,宽 0.5~4.0 cm,连通率约 30%,此将更进一步降低顺向边坡的稳定性。需要依据边坡稳定计算成果,对边坡采取相应的加固措施;在边坡开挖施工过程中,由陡倾结构面和层面切割形成的楔形体存在滑塌的可能性。

2.4 枢纽总体布置

2.4.1 枢纽布置情况

根据原电站相关资料,百龙滩水电站水库总库容 3.4 亿 m^3,电站装机容量 192 MW,枢纽工程等级为Ⅲ等,工程规模为大(1)型,其永久拦河坝、厂房、原船闸、冲沙闸为 3 级建筑物。船闸工程设计采用的洪水标准与原水电站枢纽设计一致,即 50 年一遇洪水设计,500 年一遇洪水校核。

已建百龙滩枢纽建筑物位于红水河一个大型"几字湾"处,自左岸至右岸依次为碾压混凝土溢流坝、电站、船闸、船闸冲沙闸、混凝土刺墙坝、右岸接头坝,具体布置型式如图 2-5 所示。

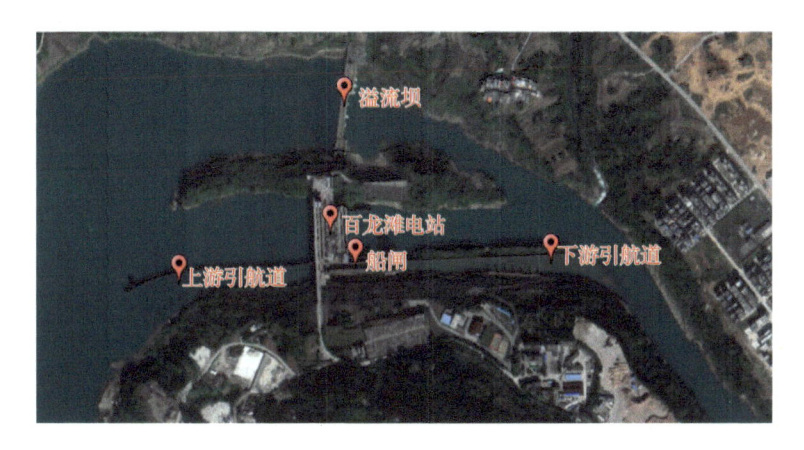

图 2-5 百龙滩枢纽建筑物布置型式

2.4.2 已建船闸基本资料

原百龙滩水电站船闸是一座单级船闸,布置于枢纽右岸滩地,纵轴线与坝轴线正交,主要由上游引航道、上闸首、闸室、下闸首和下游引航道等部分组成,总长度约为 1 170 m。船闸左侧紧邻电站厂房,右侧是一孔 10 m 宽的船闸冲沙闸。

(1) 上闸首

船闸上闸首位于坝轴线前沿,为枢纽挡水建筑物的一部分。上闸首左靠电站厂房,右邻船闸冲沙闸,上游接上游引航道,下游与闸室相连,是枢纽挡水建筑物之一。其结构布置与尺寸系根据输水廊道与消能室、闸阀门与启闭机械设备、坝顶桥面系统的布置和运行等有关要求确定。

上闸首由两侧边墩和底板组成 U 形整体式结构;沿纵轴线全长 27.0 m(桩号范围:上 0+001.0 m~下 0+026.0 m),横向宽 28.0 m(桩号范围:0+262.0 m~0+290.0 m),建基面高程 107.0~107.5 m。根据船闸水工整体模型试验,为避免输水廊道进水口淹没水深和槛上水深偏小而在灌水时出现连续吸气带,槛上出现急流等问题,上闸首挡洪检修闸门和卧倒闸门门槛高程取

122.0 m。

左、右两侧边墩对称布置,宽度均为 8 m。边墩按顶面高程不同分为两段:上游段长 14.0 m(桩号范围:上 0+001 m～下 0+013 m),为挡水段,顶面高程按枢纽统一坝顶高程,为 160.1 m,布置公路、门机轨道、电缆沟和滑线沟等,并与两侧的厂房和冲沙闸相衔接;下游段长 13.0 m(桩号范围:下 0+013 m～下 0+026 m),顶面高程与闸室墙顶高程相同,为 132.0 m,主要布置卧倒闸门和液压泵站构架。另外,为减少工程量和使布置紧凑,在满足结构强度和闸首整体稳定的条件下,将上游段边墩挖空 8.6 m×6.0 m(长×宽)的一块至 132.0 m 高程,即与下游段边墩同高,用来布置输水廊道的阀门井及启闭机械等。在边墩内设输水廊道、输水阀门井和检修阀门井,卧倒门下的帷墙空间用作输水系统的消能室。

位于边墩下游段的排架顶部布置液压泵站、检修房和控制楼。以 50 年一遇洪水不淹没设备为原则,工作闸阀门液压启闭机的油缸、泵组及有关的机电设备布置于排架的 154.0 m 高程平台上。另外,在右边墩的排架顶上设一幢三层的船闸运行控制楼,左边墩的排架顶上设一层船闸检修用房。

两边墩之间的通航孔口净宽 12.0 m。在挡水段设有胸墙,厚 1.7 m,胸墙底部高程 138.35 m,当上游为最高通航水位 130.05 m 时,通航净空为 8.3 m,满足 500 t 级驳船的通航净空要求。紧接胸墙下游设一道检修门槽,当船闸大检修时,可关闭检修门检修;同时,该检修门兼作挡洪门,洪水期(船闸停航)下闸挡洪。在右边墩的卧倒门门龛内设置有从墙顶 132.0 m 高程至 120.15 m 高程的交通钢爬梯,以方便卧倒闸门检修。

(2) 闸室

闸室位于上、下闸首之间,左侧紧邻电站厂房的 2# 冲沙孔及下游流道,右侧是船闸冲沙闸;闸室净宽 12.0 m,有效长度为 120.0 m,镇静段长度由水力计算结果,并经水工模型试验确定为 9.0 m;下闸首上游边端至人字门门龛上游边缘的距离为 1.5 m,考虑利用 1.0 m,则闸室段总长度为 120.0+9.0-1.0=128.0 m(桩号范围:下 0+026.0 m～下 0+154.0 m),沿纵轴线用伸缩缝分为 8 个结构段,每段长度均为 16.0 m。闸室总宽 23.0 m(桩号范围:0+264.5 m～0+287.5 m)。

经设计比较,闸室采用两侧闸墙与底板相连的整体式 U 形结构。第 1 段建基面高程 106.0 m,第 2~8 段建基面高程 107.8 m。第 1 段闸室底面做成 1∶8.89 的斜坡,与上闸首消能室出口底高程 109.0 m 平顺连接至闸室底高程 110.8 m。第 2~8 段闸室底面高程 110.8 m。第 1 段闸室底板厚 3.0~ 4.8 m,第 2~8 段闸室底板厚 3.0 m。闸墙墙顶高程按上游最高通航水位 130.05 m 加超高后为 132.0 m。第 1 段闸室墙高 21.2~23.0 m,第 2~8 段闸 室墙高 21.2 m。左右两侧闸室墙顶部宽度均为 3.5 m。

在第 2~8 段闸室的两侧墙壁上对称设置浮式系船柱,间距均为 16.0 m, 共设有 14 个浮式系船柱。在第 2~8 结构段两侧对称设置由墙顶至闸底的槽 内式钢爬梯,共设有 4 个钢爬梯;并在第 1 和第 8 结构段靠近上、下闸首处设置 水位水尺。在左、右闸墙顶部外侧均设尺寸为 0.6 m×0.6 m(宽×高)的电 缆沟。

(3) 下闸首

下闸首上游端与闸室相连,下游端接下游引航道,左侧靠近厂房尾水渠,右 侧为冲沙闸护坦与下游引航道相接的斜坡段。在正常运行期,其承受闸室内水 压力;在检修期,承受下游引航道水压力。

下闸首由两侧边墩和底板相连组成 U 形整体式结构。其结构布置与尺 寸系按输水廊道与消能工和闸、阀门及其启闭机械布置等要求确定。闸首纵 向长 37.7 m(桩号范围:下 0+154.0 m~0+191.7 m),横向宽 31.2 m(桩 号范围:0+260.4 m~0+291.6 m),建基面高程 105.0 m。下闸首门槛高 程 110.8 m。

左、右两侧边墩对称布置,宽度均为 9.6 m;两边墩之间的通航孔口净宽 为船闸有效宽度 12.0 m。墩顶高程与闸室墙顶高程相同,为 132.0 m,两侧 布置有人字闸门启闭机房和排架结构,船闸检修排水泵房及吊物和楼梯竖井 设在右侧边墩。为满足墩顶面的交通要求,在边墩顶两侧加牛腿作为人行通 道。排架顶高程与坝顶高程相同,为 160.1 m;液压泵站等机电设备以 50 年 一遇洪水不淹没为原则,设于排架的 154.0 m 高程平台上,平台与边墩顶面 设交通楼梯上下联系。在边墩内布置输水廊道、输水阀门井和检修阀门井; 边墩上游设人字门门龛,下游端设叠梁检修门门槽一道,检修门用电动葫芦 启闭,设有相应的启闭构架。检修门存放槽设于墩顶,门的检修平台横跨两 侧墩顶,兼作交通桥。

2.4.3 已建船闸引航道基本资料

原百龙滩水电站船闸是一座单级船闸,布置于枢纽右岸滩地,纵轴线与坝轴线正交,主要由上游引航道、上闸首、闸室、下闸首和下游引航道等部分组成,总长度约为1 170 m。船闸左侧紧邻电站厂房,右侧是一孔10 m宽的船闸冲沙闸。

(1) 上游引航道

上游引航道位于水库内,主导航墙与左边墩相接,直线布置在航道左侧,将引航道与厂房进水渠隔开,以使通航期引航道内为静水区,保证船队(舶)进出闸的安全。

从上闸首至上游引航道出口,依次为导航段、调顺段、停泊段和引航道口门区。上游引航道的尺度计算为:导航段110 m,调顺段164 m,停泊段123 m;航道宽度,即上游最低通航水位时船舶设计吃水船底处的断面水平宽度为38.8 m,相应航道底宽为37 m;最小通航水深为2.5 m,引航道底高程122.5 m。

上游主导航墙沿引航道全长布置,采用钢筋混凝土墩板式结构,墙顶高程132.0 m。上游主导航墙布置为:从上闸首左边墩前沿(桩号)上0+001 m至上0+272.5 m段为直线;自上0+272.5 m以上段设计为弧线,弯曲半径$R=385$ m,中心角为27.83°,弧线段总长度为188.5 m;直、弧线两段相加,上游主导航墙全长460.0 m。另外,将上闸首右边墩上游进口处端角做成弧形,不再设上游副导航墙。

上游靠船墩则沿引航道停泊段右侧布置,在右岸布置7个靠船墩,墩中心距为20.0 m,靠船线全长123.0 m。靠船墩采用钢筋混凝土重力墩柱的形式,墩顶高程132.0 m。为顺应河道主流流向,使船队进闸顺畅,并满足引航道口门区的横向流速和口门宽度要求,根据水工整体模型试验结果,上游靠船墩向右岸斜摆,布置成与航道轴线成30°之交角。上游引航道右岸的开挖边坡均设浆砌石护坡。

(2) 下游引航道

下游引航道连接下闸首与下游主河道,并保证上、下行船队(舶)安全、顺畅进出闸。其布置型式为:左侧沿下闸首左边墩延线直线布置主导航墙;开挖右岸边坡，拓宽至设计要求，形成引航道，下游靠船墩沿引航道停泊段右侧岸边布置；出口段布置为弧形，以减小与原河道的夹角，使两者顺畅连接。从下闸首至下游引航道出口，依次为导航段、调顺段、停泊段、出口过渡段和引航道口门区。下游引航道的尺度计算为：导航段 87 m，调顺段 130 m，停泊段 103 m；航道宽度，即下游最低通航水位时船舶设计吃水船底处的断面水平宽度为 32.52 m（右岸边坡坡度为 1∶0.3），引航道底高程 110.8 m，底宽为 32 m；最小水深为 3.04 m，下游引航道的远期扩建底宽为 37.0 m。

下游主导航墙沿引航道左侧全长布置，建于岩基上，采用上部重力墙、下部衬砌墙的混合式结构，墙顶高程 126.0 m。主导墙从下闸首下游边桩号下 0+191.7 m 开始至下 0+580 m 段为直线，与船闸轴线平行，长度为 388.3 m。下 0+580 m 以下段，为顺应引航道出口段的弧形布置要求，设计为弧形，弯曲半径 $R=249$ m，中心角 $\theta=13.8°$，弧形段墙顶内边弧长度为 60.0 m。下游主导航墙全长 448.3 m。下游副导航墙与下闸首右边墩相连，采用实体墩墙型式，船闸进口侧为半径 $R=16$ m 并向右侧拓宽的弧形，其头部修圆。

在下游引航道右岸停泊段，自桩号下 0+400 m 开始，布置 7 个靠船墩，墩中心距 20 m，靠船线全长 123 m。靠船墩采用混凝土墩柱的型式，墩顶高程 126.0 m。为顺应引航道出口处的平面形态，从靠船线起始位置，即桩号下 0+400 m 处，将靠船墩斜摆，布置成与航道轴线成 5°42′38″的交角；相应引航道右岸底边线呈斜向右侧的斜线，由桩号下 0+400 m 至下 0+580 m 段，航道底宽相应由 32 m 逐渐扩宽至 50 m。自下 0+580 m 以下的右岸底边线设计为弧线，弯曲半径 $R=199$ m，中心角 $\theta=30°$，最后以直线与出口外的右岸岸边相接。航道左侧的导航墙也在该处布置为半径 $R=249$ m，中心角 $\theta=13.8°$ 的弧线，从而使下游引航道出口段呈弧形与主河道相接，减小了两者间的夹角。

第3章

船闸输水系统数值模拟研究

3.1 基本概况

3.1.1 船闸平面布置原则

船闸平面布置原则如下：

(1) 与百龙滩水电站坝址处河势及地形地貌特点相适应。

(2) 根据现场地形、现有枢纽建筑物位置、临近枢纽区的河岸建筑物和村庄分布情况，因地制宜进行改扩建工程总平面布置，协调和处理好与原枢纽建筑物用水、用电、用地等安全运行的关系。

(3) 充分考虑安全通航的要求，确保船闸引航道与枢纽上、下游主航道的平顺连接。采取综合措施解决船闸上、下游引航道口门区及连接段的通航水流条件问题，解决船闸充、泄水过程中的输水系统及其上、下游引航道水流条件问题，保证船舶通航安全，满足通航要求。

(4) 在满足规范通航水流条件要求的前提下，尽可能布置紧凑，尽量减少建筑物的平面尺度，充分利用现有条件，尽量减少改扩建工程范围，减小对既有建筑物的影响。

(5) 确保安全，改扩建工程施工期既要保证已建枢纽的安全、正常运行，也要尽量减小对枢纽防洪、航运、灌溉等功能的影响，将改扩建工程施工对枢纽的影响减至最低；应特别注意，现状船闸拆除施工以及上下游结构施工时，必须确保大坝主体以及厂房等建筑物安全运行；切实做好基坑防护措施，确保岸坡稳定，保证工程施工期、运行期的安全。

(6) 节约用地，总平面布置应布置紧凑，功能合理，尽量减小工程占地面积，减少征地拆迁和移民安置。

(7) 近中远期相结合，与航道建设相匹配，与航运发展相适应；与上、下游梯级通航建设规模相协调，通过能力基本相匹配。

(8) 结合工程实际，充分利用现有资源，采取综合的工程措施，尽可能减少开挖工程量,以降低工程投资。

3.1.2 船闸等级和有效尺度

百龙滩改扩建船闸为Ⅲ级船闸(兼顾通航 2×1 000 t 级顶推船队)。受地形条件限制,初步设计阶段在原有船闸位置处进行新建 1 000 t 级船闸的改扩建工程,增加船闸的有效长度,并按 1 000 t 级单船的最大吃水深度,确定船闸门槛水深,即将船闸的有效尺度调整为 230 m×23 m×4.8 m(长×宽×门槛水深),以大幅提高船闸的通过能力,满足 2050 年过闸货运量的需求。

3.1.3 通过能力

根据改扩建后百龙滩船闸通航条件,计算百龙滩船闸改扩建项目的单向年过闸货运量为 1 464.4 万 t;百龙滩改扩建船闸的通过能力大于设计水平年(2050 年)单向年过闸货运量 1 317 万 t(下行)。

3.1.4 特征通航水位

百龙滩船闸上、下游通航水位如表 3-1 所示,上、下游通航水位示意图分别如图 3-1 和 3-2 所示。同时考虑到百龙滩多年平均流量为 1 920 m³/s,根据百龙滩船闸引航道出口水位流量关系,如图 3-3 所示,可得对应年平均水位为 115.76 m。

表 3-1 百龙滩船闸通航水位

	上游通航水位(m)	下游通航水位(m)
正常蓄水位	126.00	—
最高通航水位	131.73	127.48
最低通航水位	125.00	110.00

注:上游正常水位 126.00 m~下游最低通航水位 110.00 m,最大设计水头 H=16.00 m。

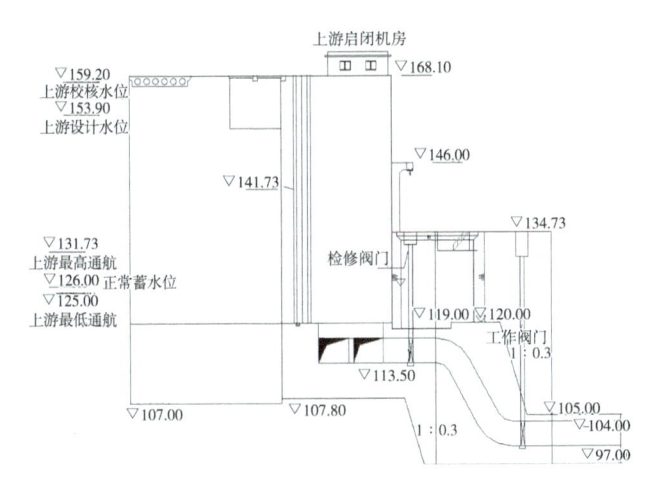

图 3-1 百龙滩船闸上游通航水位示意图（单位：m）

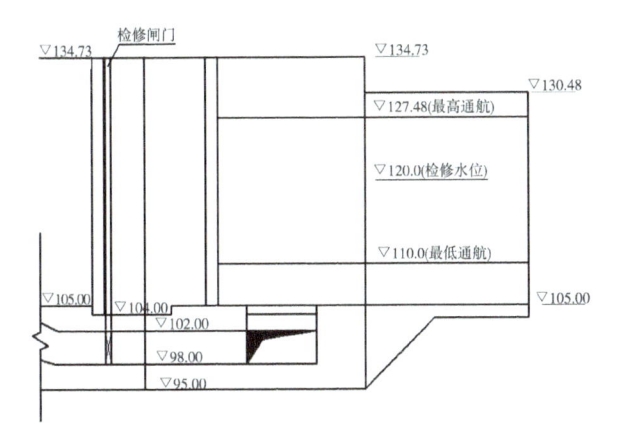

图 3-2 百龙滩船闸下游通航水位示意图（单位：m）

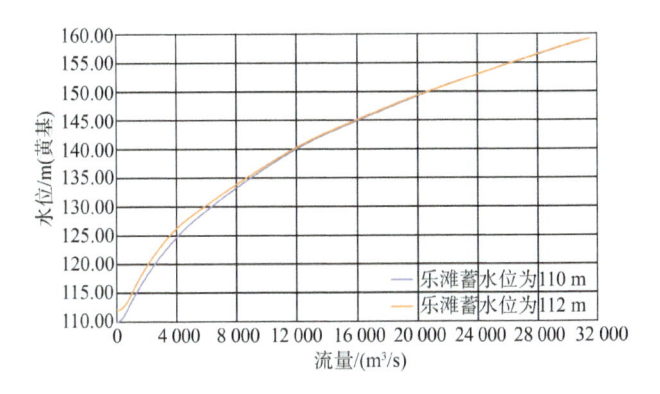

图 3-3 百龙滩水电站引航道出口水位流量关系

3.1.5 设计船型、船队尺度

百龙滩船闸改扩建项目的货船的设计代表船型为 1 000 t 级货船、1 000 t 级集装箱船、2×1 000 t 级顶推船队、2×500 t 级顶推船队、500 t 级货船、500 t 级集装箱船等。根据相关资料,选取代表船型,船舶主要尺度见表 3-2。

表 3-2 代表船型主尺度表

船型	长(m)	宽(m)	设计吃水(m)
1 000 t 级船队	160	10.8	2.0
单船	68	11	2.9

3.2 船闸输水系统布置型式

为提高船闸设计通过能力,拟建百龙滩船闸改扩能工程按最大通过 1 000 t 级船舶设计,闸室有效尺度为 230 m×23 m×4.8 m(长×宽×门槛水深,下同)。单向年设计通过能力(下行)为 1 250 t。

依据上述布置原则,结合《船闸输水系统设计规范》(JTJ 306—2001)中输水系统类型的判别公式:

$$m = \frac{T}{\sqrt{H}} \quad (3-1)$$

式中:m 为判别系数,当 $m>3.5$ 时,采用集中输水系统,当 $m<2.5$ 时,采用分散输水系统,$m=2.5\sim3.5$ 时,应进行技术经济论证,参照类似工程选用;T 为输水时间(min),$T=8\sim10$ min;H 为水头(m),$H=16.00$ m。由此计算得出 $m=2.25\sim2.75$。根据船闸设计规范的建议,考虑船闸规模较大且通航保证率要求较高,考虑采用分散输水系统。根据设计单位资料,本阶段选用闸底长廊道输水系统。

该输水系统较闸墙长廊道输水系统具有如下特点:

(1) 对船闸闸墙结构尺寸没有特殊要求,可避免大面积开挖,适用于闸墙断面尺寸较小的衬砌式船闸;

(2) 闸室内水流消能效果较好,船舶停泊条件良好,对阀门单边开启或两侧阀门不同步开启的情况适应性较高。

其初始设计方案特征尺寸如表 3-3 所示,设计方案布置示意图如图 3-4 所示。

表 3-3 百龙滩船闸输水系统设计方案特征尺寸

序号	部位	描述	面积(m²)	与输水阀门面积比
1	进水口	考虑平面布置空间有限,采用顶面格栅进水,进口廊道段中间设置导墙且以水平 90°弯段与阀门段廊道相连;进水廊道顶高程 117.5 m。最大水头时顶高程淹没水深 8.5 m	格栅进口总面积:20×5×1.5(数量×长×宽)=150 2×2×5.0×4.0(数量×数量×宽×高,下同)=80	4.69 2.5
2	灌水阀门段廊道	廊道顶高程 104.0 m,底高程 100.0 m	2×4.0×4.0=32.0	1.00
3	检修闸门、阀门	在充、泄水阀门上游及下游均设有检修门及门井	2×4.0×4.0=32.0	1.00
4	闸室主廊道	通过水平转弯段,与阀门段廊道相连,宽度增大至 4.5 m,底高程为 99.5 m	2×4.5×4.5=40.5	1.27
5	闸室出水支孔	出水段每侧设 30 个出水孔,出水孔分三组,每组 10 孔,从上游至下游宽度由 0.75 m 向 0.55 m 递减,高度保持 1.0 m 不变,侧支孔出水后采用明沟消能	2×10×(0.75+0.65+0.55)×1.0=39	1.22
6	泄水阀门段廊道	廊道顶高程 104 m,底高程 100 m,最大水头时顶高程淹没水深 6.0 m	2×4.0×4.0=32.0	1.00
7	出水口	左、右侧廊道下弯,底高程变为 98.0 m,高度 4.0 m,连接检修阀门,经直线段廊道向左汇入消能室,顶部布置出水栅格	消能室进口断面:2×7.0×4.0=56.0 格栅出口总面积:10×7.0×1.5=105	1.75 3.28

(a) 平面布置图

(b) 立面布置图

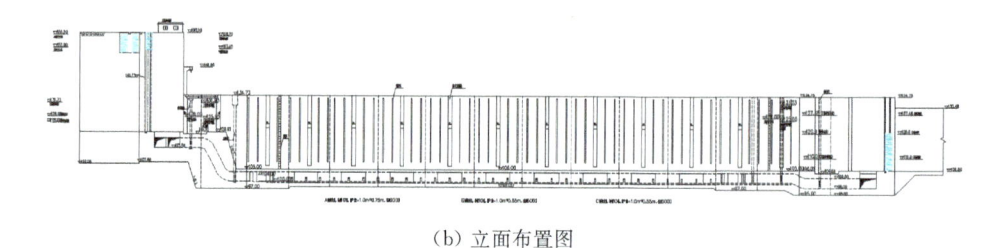

图 3-4　百龙滩船闸输水系统设计方案布置示意图

3.3　三维数学模型构建

3.3.1　基础理论

(1) 控制方程组

流体流动的控制方程组可精确地描述流体的各物理量对空间的分布和随时间的演化。对不可压缩流体，描述其紊流运动的控制方程组由质量守恒方程(连续方程)和动量守恒方程(Navier-Stokes 方程)组成，在笛卡尔坐标系中，其表达式为：

$$\frac{\partial u_i}{\partial x_i} = 0 \tag{3-2}$$

$$\frac{\partial u_i}{\partial t} + u_j \frac{\partial u_i}{\partial x_j} = -\frac{1}{\rho}\frac{\partial p}{\partial x_i} + \nu \frac{\partial^2 u_i}{\partial x_j \partial x_j} + f_i \tag{3-3}$$

式中：x_i、x_j 为坐标分量，i、$j=1,2,3$；u_i、u_j 为 x_i、x_j 方向的瞬时速度分量(m/s)；t 为时间(s)；ρ 为密度；p 为瞬时静水压强(Pa)；ν 为水的运动黏滞系数(m^2/s)；f_i 为 i 方向的单位质量力(m/s^2)。

方程(3-2)和方程(3-3)构成描述黏性不可压缩流的微分方程组，方程组的未知数与方程个数相等，构成封闭方程组，但由于 Navier-Stokes 方程的非线性特征，其对绝大多数工程流体流动问题都无法得到解析解。而且紊流瞬时运动具有随机性，紊流运动所包含的单元比流动区域尺度要小很多，其典型数量级是流动区域尺度的 10^{-3} 倍。若用数值计算方法求解紊动单元的运动要素，则计算网格必须比紊动单元的尺度更小，这样对计算机的存储能力及运算速度都有很高的要求。

实际工程中,大家往往更关心的是紊流的时均特性。将压力和速度分为时均量和脉动量两个部分:

$$u_i = \overline{u}_i + u_i' \tag{3-4}$$

$$p_i = \overline{p}_i + p_i' \tag{3-5}$$

将分解后的量带入 Navier-Stokes 方程并进行时间平均,可推导出著名的能描述紊流时均性质的雷诺(Reynolds)方程:

$$\frac{\partial u_i}{\partial t} + u_j \frac{\partial u_i}{\partial x_j} = -\frac{1}{\rho}\frac{\partial p}{\partial x_i} + \frac{\partial}{\partial x_j}\left(\nu \frac{\partial u_i}{\partial x_j} - \overline{u_i' u_j'}\right) + f_i \tag{3-6}$$

由于雷诺方程增加了紊流脉动二阶项 $\overline{u_i' u_j'}$(雷诺应力),从而使得方程组不封闭。要使方程组封闭,比较切实可行的方法是引入紊流模型,用较低阶的相关或时均流的变量近似地表示一定阶数的相关。从使方程封闭所增加的偏微分方程数目来看,有零方程(Prandtl 混合长模型)、单方程(k 方程模型)、双方程(k-ε 方程模型)和多方程紊流模型(Reynolds 应力模型)。目前,应用较广的是 k-ε 方程模型、Reynolds 应力方程模型(RSM)和 Reynolds 应力代数模型(ASM)。其中,RSM 最精细,预测效果最好,但需要求解的微分方程组较多,计算量大;ASM 计算工作量比 RSM 要小很多,计算精度介于 RSM 和 k-ε 之间;k-ε 模型虽不如 ASM 精确,但进一步简化了计算量,其计算精度可满足大多数工程需要。

RNG 紊流模型是改善的 k-ε 模型,通过在大尺度运动和修正后的黏度项体现小尺度的影响,从而使小尺度运动有系统地从控制方程中除去,所得到的紊流动能 k 方程和耗散率 ε 方程如下:

$$\frac{\partial(\rho k)}{\partial t} + \frac{\partial(\rho k u_i)}{\partial x_i} = \frac{\partial}{\partial x_j}\left(\alpha_k \mu_{eff} \frac{\partial k}{\partial x_j} - \overline{u_i' u_j'}\right) + G_k - \rho\varepsilon \tag{3-7}$$

$$\frac{\partial(\rho\varepsilon)}{\partial t} + \frac{\partial(\rho u_i \varepsilon)}{\partial x_i} = \frac{\partial}{\partial x_j}\left(\alpha_\varepsilon \mu_{eff} \frac{\partial \varepsilon}{\partial x_j}\right) + \frac{C_{1\varepsilon}^* \varepsilon}{k} G_k - C_{2\varepsilon}\rho\frac{\varepsilon^2}{k} \tag{3-8}$$

式中:$\alpha_k = \alpha_\varepsilon = 1.39$;$\mu_{eff} = \mu + \mu_t$,$\mu$ 为动力黏滞系数,μ_t 为紊动黏度系数(Pa·s);G_k 为平均速度梯度引起的紊动能 k 的产生项,$G_k = $

$\mu_t \left(\dfrac{\partial u_i}{\partial x_j} + \dfrac{\partial u_j}{\partial x_i} \right) \dfrac{\partial u_i}{\partial x_j}$；$C_{1\varepsilon}$、$C_{2\varepsilon}$ 为 ε 的常数，$C_{1\varepsilon}=1.42$，$C_{2\varepsilon}=1.68$；$C_{1\varepsilon}^{*}=C_{1\varepsilon}-\dfrac{\eta(1-\eta/\eta_0)}{1+\beta\eta^3}$，$\eta=(2E_{ij}\cdot E_{ij})^{1/2}\dfrac{k}{\varepsilon}$，$E_{ij}=\dfrac{1}{2}\left(\dfrac{\partial u_i}{\partial x_j} + \dfrac{\partial u_j}{\partial x_i} \right)$，$\eta_0=4.377$，$\beta=0.012$。

与标准 k-ε 模型相比，RNG k-ε 模型主要有两个变化：①通过修正紊动黏度，考虑了平均流动中的旋转及旋转流动的情况；②在 ε 方程系数 $C_{1\varepsilon}^{*}$ 的计算中引入了主流的时均应变率 E_{ij}，这样模型中的产生项不仅与流动情况相关，而且在同一问题中还是空间坐标的函数。因此，RNG k-ε 模型可以更好地处理高应变率及流线弯曲程度较大的流动，通用性更强，目前已在水利工程领域得到了广泛应用。本章采用的就是此模型。

（2）自由水面模拟

模型水面使用 VOF 方法处理，该方法是目前水利工程研究中广泛使用的一种自由水面处理技术，于 1981 年由 Hirt 和 Nichols 提出。VOF 模型是建立在固定欧拉网格下的表面跟踪方法，适用于两种或两种以上互不穿透流体间交界面的跟踪计算。在 VOF 模型中，不同的流体组分共用一套动量方程，通过引进相体积分数这一变量，实现对每一个计算单元相界面的追踪。在每个单元中，所有相体积分数总和为 1。

对于水气两相流，设 a_w 表示水的体积分数，则气体的体积分数为 $1-a_w$，通过求解 a_w 的输移扩散方程可确定自由水面的位置。$a_w=1$，表示该单元内充满水；$a_w=0$，表示该单元内充满气；$0<a_w<1$，表示该单元内存在水气界面。只要流场中各处水和气的体积分数都已知，其他水和气共有的变量如流速、流场、压力都可用体积分数的加权平均值来表示。水气界面的追踪可通过下面方程实现：

$$\dfrac{\partial a_w}{\partial t} + u_i \dfrac{\partial a_w}{\partial x_i} = 0 \qquad (3\text{-}9)$$

引入 VOF 方法的 k-ε 模型与单相流的 k-ε 模型形式完全相同，只需将式（3-7）和式（3-8）中的密度 ρ 和动力黏滞系数 μ 用水和气体体积分数的加权平均值代替即可，即：

$$\rho = a_w \rho_w + (1-a_w)\rho_a \qquad (3\text{-}10)$$

$$\mu = a_w \mu_w + (1-a_w)\mu_a \qquad (3\text{-}11)$$

（3）数值离散方法

根据因变量在节点之间的分布假设及推导离散方程的方法不同，控制方程的离散方法可分为有限差分法、有限体积法、有限元法以及边界单元法等类型。本章中的模型使用有限差分法对控制方程组进行离散。有限差分法是最早采用的一种流体力学数值计算方法。该方法的基本思路是：划分求解域为一系列平行于坐标轴的网格交点的集合，并用有限个网格交点替代连续的求解域，建立代数方程组。有限差分法历史悠久，且理论成熟，应用很广泛。

3.3.2 模型范围

在开展百龙滩船闸输水系统物理模型试验前，本章按照设计方案构建了百龙滩船闸输水系统的三维数学模型，计算区域包括部分引航道及全部闸室在内的总长度共计 463.00 m，模型总体宽度为 54.50 m，闸室有效尺度为 230.00 m×23.00 m×4.80 m。闸室左右两侧廊道采用对称布置的方式。由于计算范围较大且船闸输水系统结构复杂，整体网格在满足计算基本要求的情况下进行划分，重点对阀门廊道段、栅格消能室、闸底廊道侧支孔及其他关键区域进行网格加密处理，总计算网格数为 180 万，按设计方案构建的百龙滩船闸输水系统三维数学模型如图 3-5 所示。

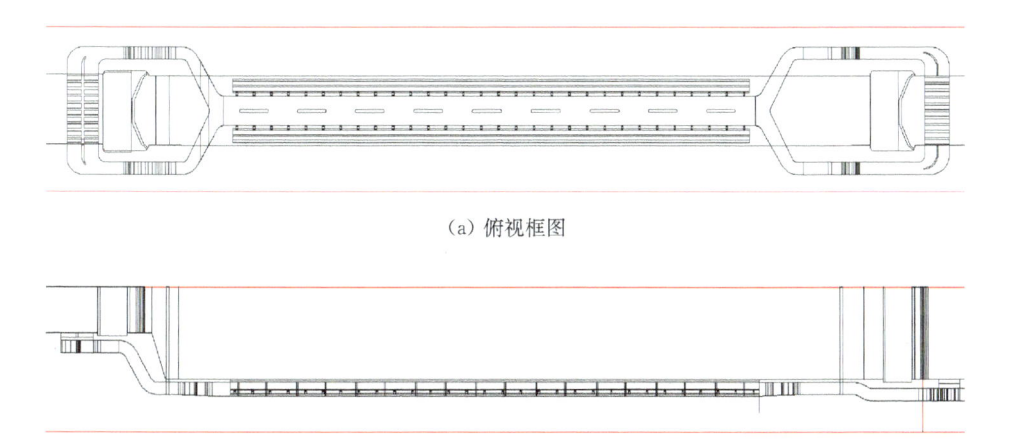

(a) 俯视框图

(b) 立视框图

(c)俯视实体图

(d)整体实体图

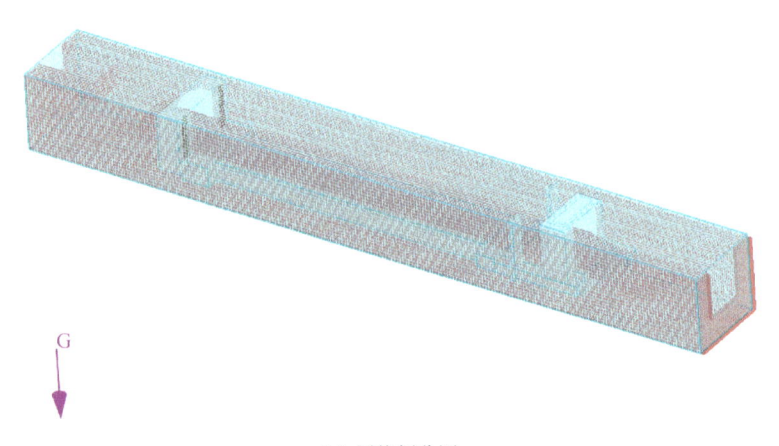

(e)网格划分图

图 3-5 输水系统三维数学模型示意图

3.4 设计方案数值分析

3.4.1 闸室灌(泄)水水力特性

在百龙滩船闸输水系统水力学计算中,当充、泄水阀门双边匀速开启时间为 5 min 时,输水时间及各项水力指标均满足要求,故本模型在开展闸室充、泄水模拟时,均采用双边阀门匀速开启时间 t_v 为 5 min,上游采用正常蓄水位 126.00 m,下游采用最低通航水位 110.00 m,最大设计水头为 16.00 m。

灌、泄水过程中闸室水位及流量随时间变化如图 3-6 和图 3-7 所示。分析可知:按照设计方案,当灌、泄水阀门以双边 5 min 匀速开启时,输水完成时间均满足 10 min 以内设计输水完成时间要求。

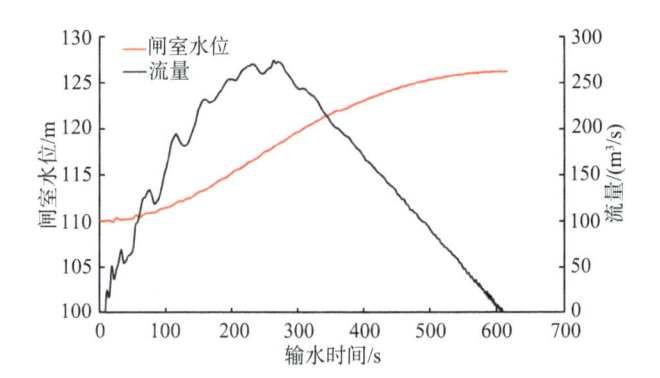

图 3-6 双边灌水、t_v＝5 min 时的闸室输水曲线

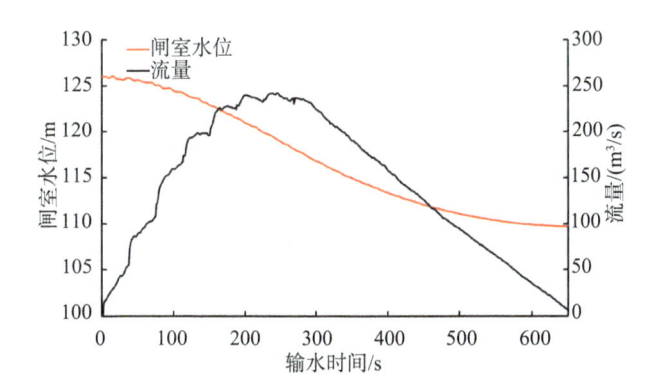

图 3-7 双边泄水、t_v＝5 min 时的闸室输水曲线

灌水运行时,在 263 s 时刻,闸室内流量达到峰值,为 274.18 m³/s,对应阀门段廊道断面流速为 8.57 m/s;在 555 s 时刻,闸室灌水完成,闸室水面惯性超高为 0.26 m。

泄水过程中,在 245 s 时刻,闸室内流量达到峰值,为 242.28 m³/s,对应泄水廊道断面流速为 7.92 m/s;在 595 s 时刻,闸室泄水完成。闸室水面惯性超降为 0.24 m。

闸室输水过程特征参数如表 3-4 所示。

表 3-4　闸室输水过程特征参数表

计算方案	灌水过程	泄水过程
输水完成时刻 T_0(min)	9.25	9.92
流量最大时刻 $T_{Q\max}$(min)	4.38	4.09
流量最大值 $Q_{\max}$(m³/s)	274.18	242.28
阀门廊道断面流速 $V_{Q\max}$(m/s)	8.57	7.92
栅格断面最大流速 $V_{\max}$(m/s)	1.83	2.31
水面惯性超高 H_0(m)	0.26	0.24

3.4.2　输水廊道压力特性

在数值计算过程中,在进、出口输水廊道阀门前顶部和底部分别设置 3 个监测点,阀门后设置 7 个监测点,监测点的间距为 1.5 m,用以测定灌、泄水阀门开启过程中阀门前后廊道顶部以及底部的非恒定流压力。阀门双边匀速开启时间为 5 min 时,不同计算方案下充、泄水非恒定流压力随时间变化结果如图 3-8 和图 3-9 所示。

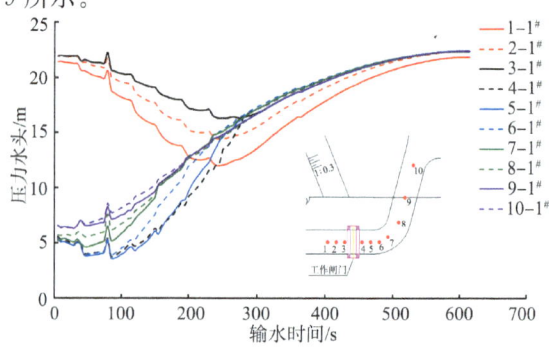

图 3-8　灌水阀门前后廊道底压力过程线

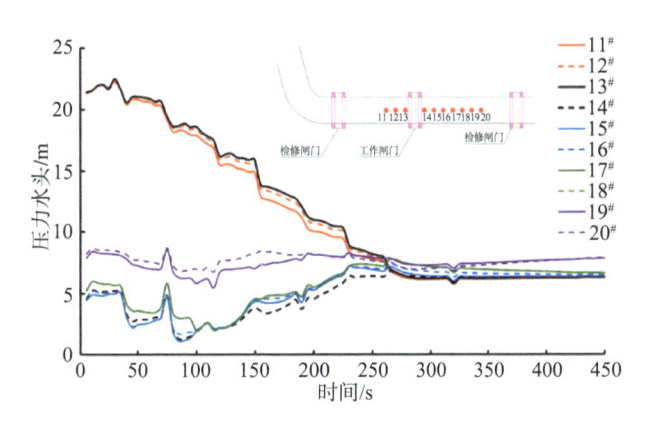

图 3-9　泄水阀门前后廊道顶压力过程线

灌、泄水阀门后廊道顶压力特征值如表 3-5。阀门后廊道顶端最低压力水头发生在阀门相对开度约为 0.3 的时刻，且均大于零，无负压产生。

表 3-5　不同计算方案下阀门附近廊道顶压力统计

输水方式	最小压力发生时刻(s)	发生位置	最小压力水头(m)
灌水过程	90	5#	3.61
泄水过程	85	15#	0.95

3.4.3　闸室水面比降特征

封闭闸室内灌泄水，在闸室水面竖向升降的同时，其表面水流在平面上做往复运动，因而闸室水面存在波动。在数值模型中，提取最大流量发生时刻闸室不同位置处的水面线并绘制曲线，如图 3-10 所示。

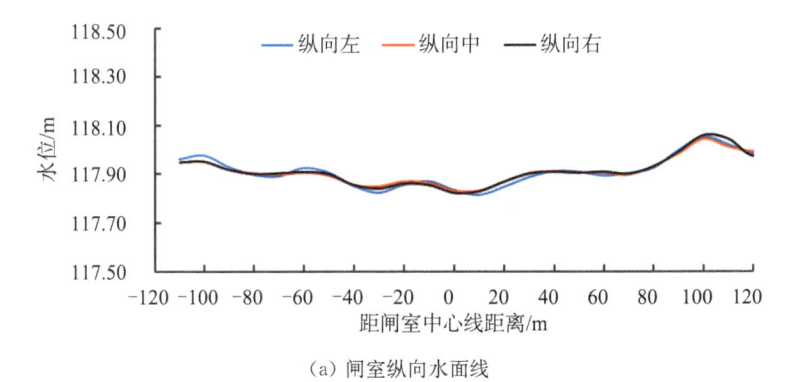

(a) 闸室纵向水面线

(b) 闸室横向水面线

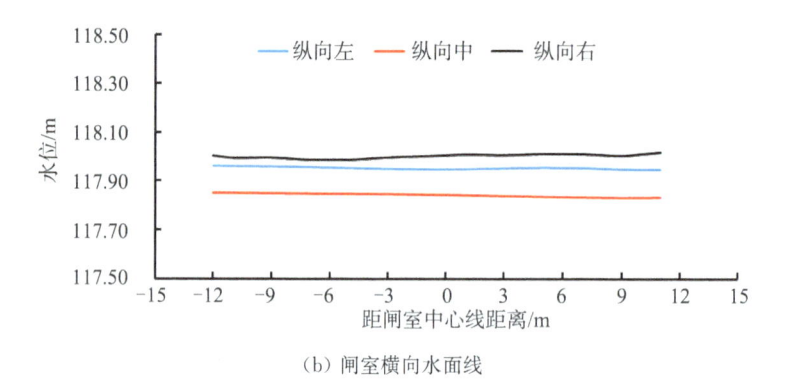

图 3-10　流量最大时刻(4.38 min)闸室不同部位水面线图

对于停放在闸室内的船舶，船舶尺度范围内的纵、横向水面比降将对船舶形成纵、横向上的作用力。分析闸室内水面线分布及水面比降特征。根据设计资料，闸室内典型船舶停放方式如图 3-11 所示。船舶尺度范围内闸室水面比降极值统计如表 3-6 所示。由图及表可知，在闸室最大流量发生时刻，灌、泄水过程中闸室的不同部位横向水面线均保持相对稳定；灌水过程中纵向水面线有

图 3-11　闸室典型船舶停放方式

表 3-6　船舶尺度范围内闸室水面比降极值统计　　　　　　　单位：‰

计算方案			灌水	泄水
单船	上部	横向	−0.56	−0.02
		纵向	1.38	0.71
	中部	横向	0.85	−0.18
		纵向	−0.89	1.08
	下部	横向	−0.67	0.62
		纵向	−1.48	−0.06
船队		横向	0.20	1.95
		纵向	−0.17	0.73

一定程度波动,设计方案中纵向波动最大幅值为 0.24 m;泄水过程中纵向水面线波动最大幅值为 0.17 m。

水面波动反映到船舶尺度范围内比降,则灌水过程中纵比降最大值为 1.48‰,横比降最大值为 0.85‰。

3.4.4 典型区段水流流态

(1) 进水口水流流态

提取船闸输水系统灌、泄水过程中特征时刻进水口流场分布情况。在流量最大时刻($T_{Q\max}$),灌水进水口流场分布情况如图 3-12 所示。灌水阀门前水流流态如图 3-13 所示。由图可知,闸室灌水过程中船闸进口及灌水阀门前水流比较平稳。进水口最大流速为 1.83 m/s。

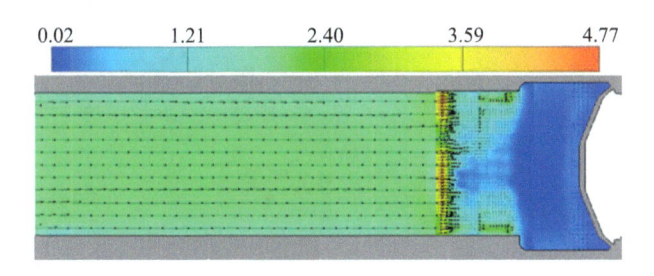

图 3-12 灌水过程中进口局部平面流场($T_{Q\max}$)(单位:m/s)

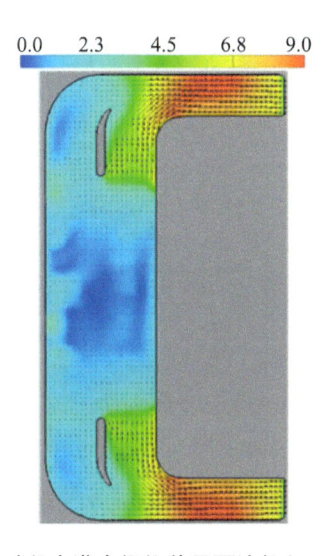

图 3-13 灌水过程中灌水阀门前平面流场($T_{Q\max}$)(单位:m/s)

（2）阀门段廊道水流流态

分别提取流量最大时刻 $T_{Q\max}$ 及阀门后廊道顶压力最小时刻 $T_{p\min}$，船闸输水系统灌水阀门后廊道与闸底主廊道衔接的水平转弯段流场分布情况，如图 3-14 和图 3-15 所示。

由图可知，在灌水阀门后廊道与闸底主廊道衔接的水平转弯段，水流贴边壁外侧汇入闸底主廊道；对应阀门后廊道最小压力发生时刻，由于闸门开度较小，在阀门后较短的直线段内水流无法有效扩散，形成大范围高流速区，对应收缩水平剖面流速大于 15 m/s 的范围约 3 m；使得转弯段廊道外侧边壁受到较大流速冲击，在外边壁形成 10.18 m 水头压力作用，而同时刻侧边壁为 6.29 m 压力水头，内、外侧边壁压强差 3.89 m 水头。

(a) 平面流场

(b) 灌水阀门段廊道立面流场

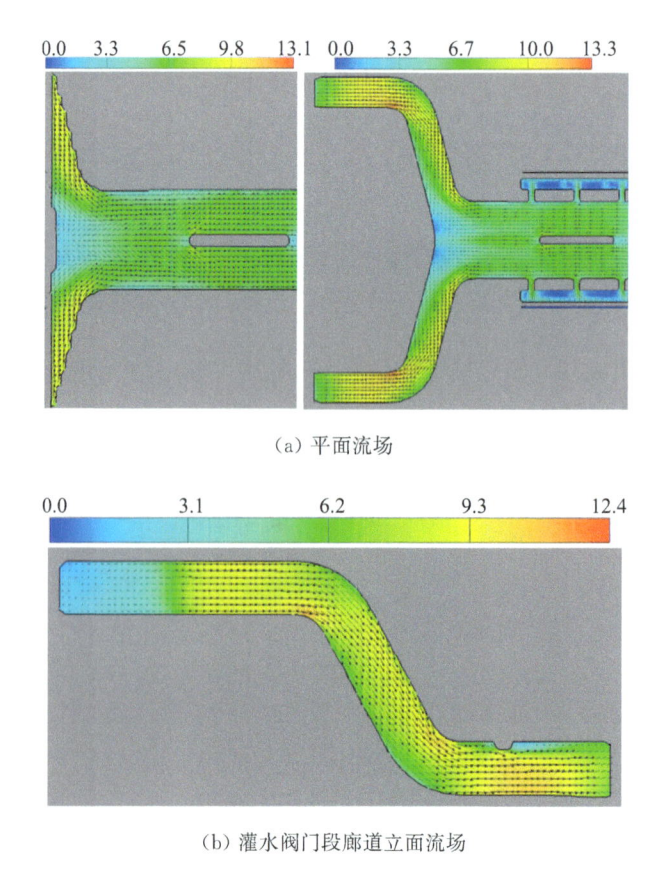

图 3-14　灌水阀门后廊道与闸底主廊道衔接的水平转弯段流场（$T_{Q\max}$）（单位：m/s）

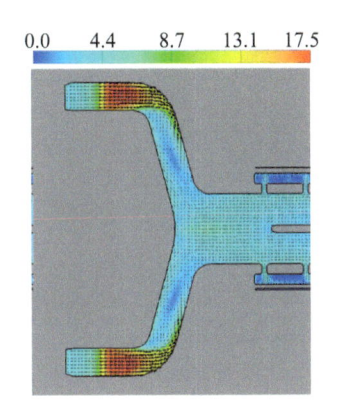

(a) 平面流场

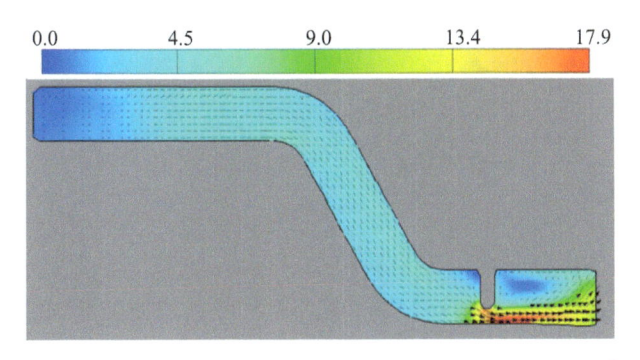

(b) 灌水阀门段廊道立面流场

图 3-15　灌水阀门后廊道与闸底主廊道衔接的水平转弯段流场($T_{p\min}$)(单位:m/s)

(3) 出水口水流流态

闸室流量最大时刻下,闸室及引航道断面、廊道及格栅下断面水流流态如图 3-16 所示。图 3-16(a)中显示,闸室下游形成回旋区,下游引航道格栅顶部左侧位置水流较为集中,水流扩散后逐渐趋于平稳;图 3-16(b)中显示,泄水廊道中的水流基本平顺。

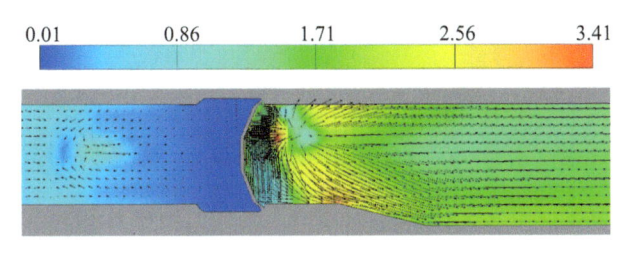

(a) 闸室及引航道断面流态

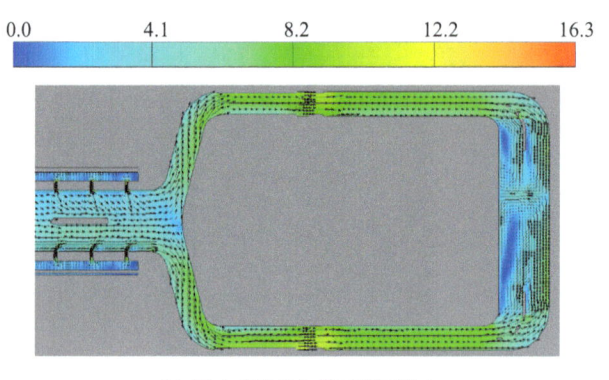

(b) 泄水廊道及格栅下断面流态

图 3-16　泄水过程中典型断面流态(T_{Qmax})(单位:m/s)

3.5　优化方案数值分析

3.5.1　优化方案

针对初始方案暴露出的灌水阀门小开度时,收缩水流受上闸首布置限制,无法在较短的直线段得到充分扩散,形成大范围高流速区的问题,本节对灌水阀门后廊道体型进行了优化,形成优化方案1与优化方案2,如图3-17与图3-18所示。优化思路为:通过对阀门后廊道底部进行突扩处理,强迫收缩水流进行扩散,减小大流速区发生范围。优化方案1仅对阀门后侧廊道体型进行优化;优化方案2在改变阀门后廊道体型的基础上,在上闸首布置允许的范围内,将设计方案中75°的水平转弯角度调缓至70°。同时,考虑灌水阀门后输水廊道底扩开挖工程量较大,将底扩深度2.5 m优化为2.0 m,并进行水流条件及输水效果的对比,如图3-19所示。

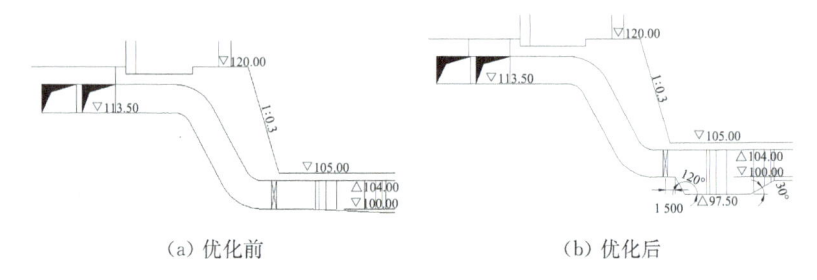

(a) 优化前　　　　　　　　(b) 优化后

图 3-17　优化方案1(单位:m)

(a) 优化前　　　　　　　　　(b) 优化后

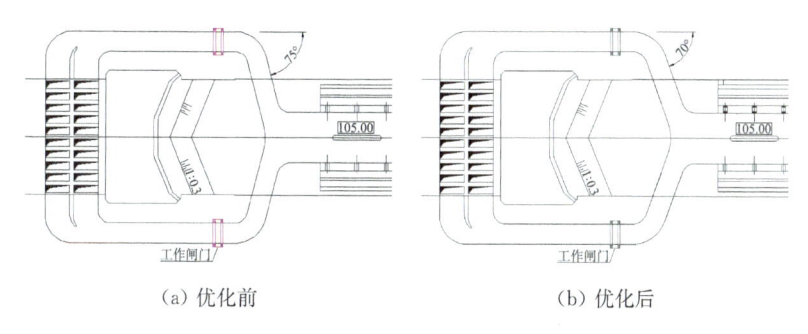

图 3-18　优化方案 2(单位:m)

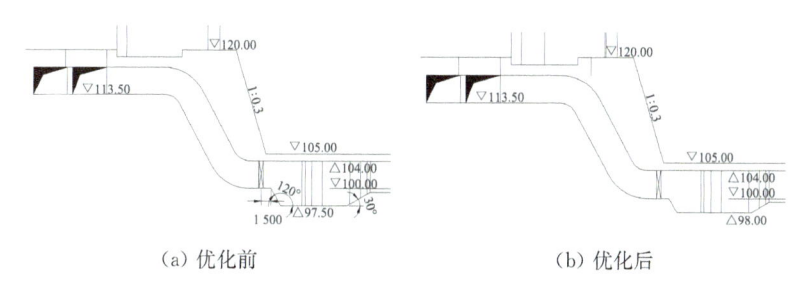

(a) 优化前　　　　　　　　　(b) 优化后

图 3-19　优化方案 3(单位:m)

3.5.2　闸室灌水水力特性

针对上述三种优化方案,本节开展船闸输水系统的灌水过程数值模拟,阀门开启时间为双边匀速开启 5 min。经分析,灌水过程特征参数如表 3-7 所示,闸室水位及流量随时间的变化如图 3-20 所示。对比分析可知:通过对灌水阀门后侧廊道进行体型优化,优化方案 1 与优化方案 2 输水完成时间均较设计方案有所提高。按照优化方案 1 和 2 灌水运行,在 550 s 时刻,闸室灌水均完成,闸室水面惯性超高较设计方案有所下降。

表 3-7　闸室灌水过程特征参数表

计算方案	灌水过程			
	设计方案	优化方案 1	优化方案 2	优化方案 3
输水完成时刻 T_0(min)	9.25	9.17	9.17	9.33
流量最大时刻 $T_{Q_{max}}$(min)	4.38	3.85	3.87	4.1
流量最大值 Q_{max}(m³/s)	274.18	273.81	276.88	267.23
阀门廊道断面流速 $V_{Q_{max}}$(m/s)	8.57	8.56	8.65	8.35

续表

计算方案	灌水过程			
	设计方案	优化方案1	优化方案2	优化方案3
栅格断面最大流速 V_{max}(m/s)	1.83	1.83	1.85	1.78
水面惯性超高 H_0(m)	0.26	0.24	0.23	0.24

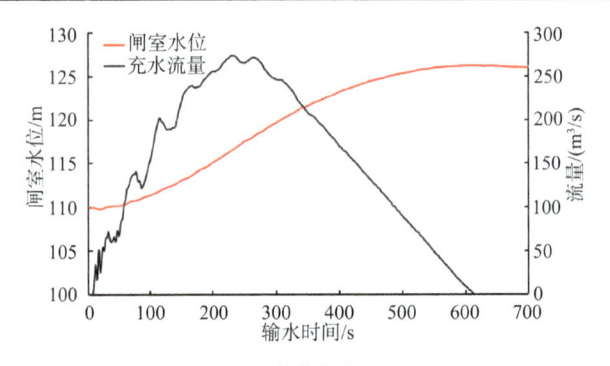

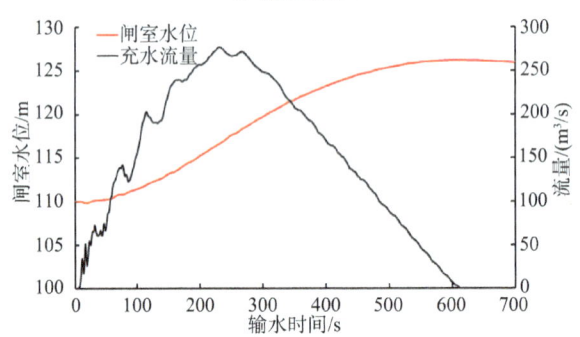

(a) 优化方案1

(b) 优化方案2

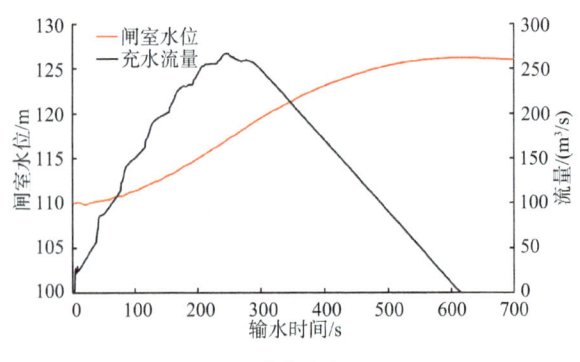

(c) 优化方案3

图 3-20 双边灌水、t_v=5 min 时的闸室输水曲线

3.5.3 灌水阀门段廊道压力特征

优化方案 1、2 和 3 均对灌水阀门后侧廊道底部进行了突扩处理,所形成典型测点压力过程线如图 3-21 至图 3-23 所示。阀门突扩后,灌水过程中阀门后廊道顶端及底端的最低压力水位均大于零,如表 3-8 所示,即试验结果表明,阀门段廊道无负压产生。

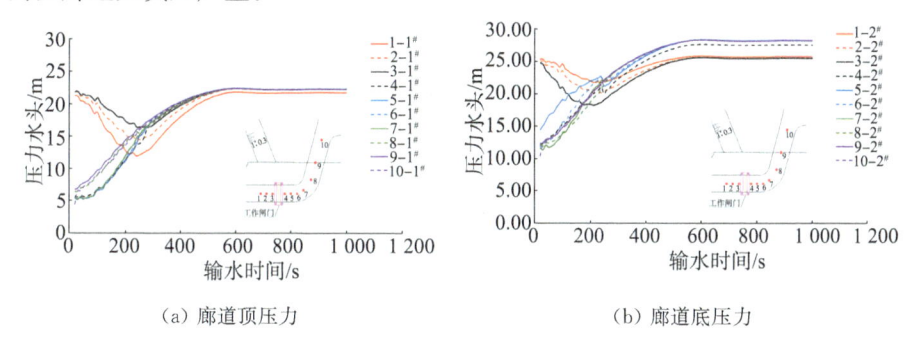

(a) 廊道顶压力　　　　　　　　(b) 廊道底压力

图 3-21　优化方案 1 下的灌水阀门后廊道压力过程线

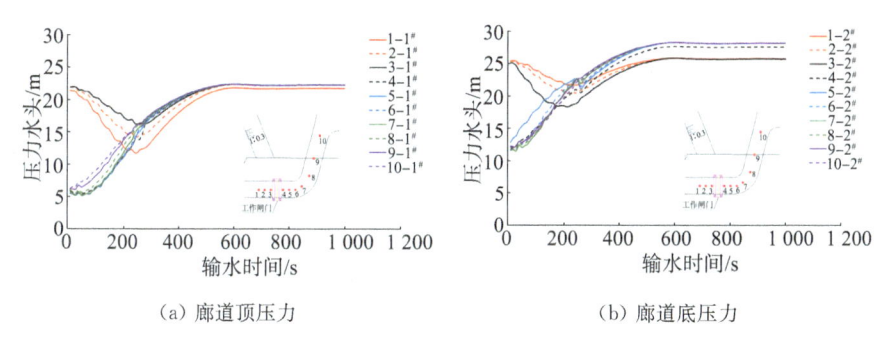

(a) 廊道顶压力　　　　　　　　(b) 廊道底压力

图 3-22　优化方案 2 下的灌水阀门后廊道压力过程线

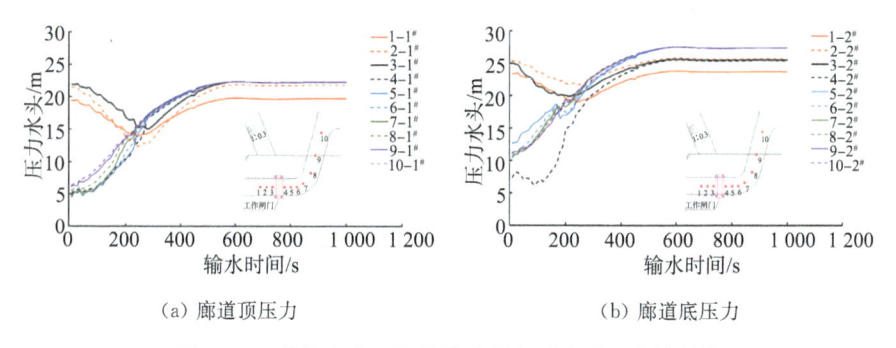

(a) 廊道顶压力　　　　　　　　(b) 廊道底压力

图 3-23　优化方案 3 下的灌水阀门后廊道压力过程线

表 3-8　不同计算方案下的阀门段廊道压力统计表

输水方式	计算方案	发生位置	最小顶压力水头(m)	发生位置	最小底压力水头(m)
灌水过程	初始方案	5#	3.61	5#	7.28
	优化方案 1	5#	5.30	5#	9.71
	优化方案 2	5#	5.29	5#	11.64
	优化方案 3	5#	4.97	4#	6.23

灌水过程中,水平转弯段的压力会有较大程度的增大。通过不同方案的数值分析,对各数值计算方案中水平转弯段外侧边壁的压流水头进行分析,评判体型布置的合理性。水平转弯段外侧边壁压力水头如图 3-24 所示。

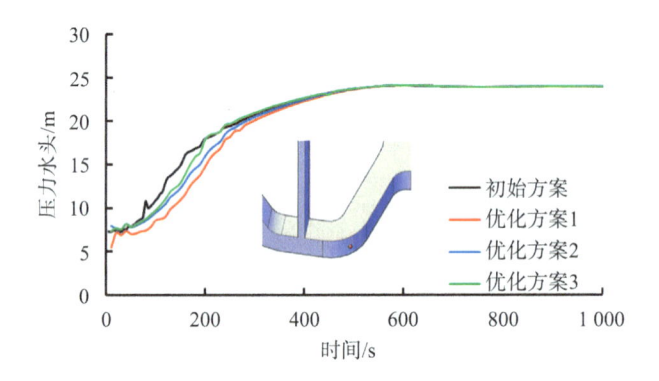

图 3-24　不同计算方案下的水平转弯段外侧边壁压力水头

提取不同计算方案下,外边壁与内边壁的压力水头,进而结合图 3-25 可知,对应阀门段廊道最小压力发生时刻,优化方案通过体型优化,使水平转弯段外侧所受动水压力、廊道转弯断面内、外侧压力差值均有所降低,如表 3-9。对应阀门后廊道顶最小压力发生时刻,优化方案 1 下的外侧边壁压力水头为 6.89 m,内外侧边壁压力差 0.39 m 水头;优化方案 2 下的外侧边壁压力水头为 7.52 m,内外侧边壁压力差 0.13 m 水头;优化方案 3 下的外侧边壁压力水头为 9.27 m,内外侧边壁压力差 1.52 m 水头。分析可知,当水平转弯段角度由 75°调缓至 70°,内外边壁的压力差将显著减小,有利于廊道的安全运行。

(a) 设计方案　　(b) 优化方案 1

(c) 优化方案 2　　(d) 优化方案 3

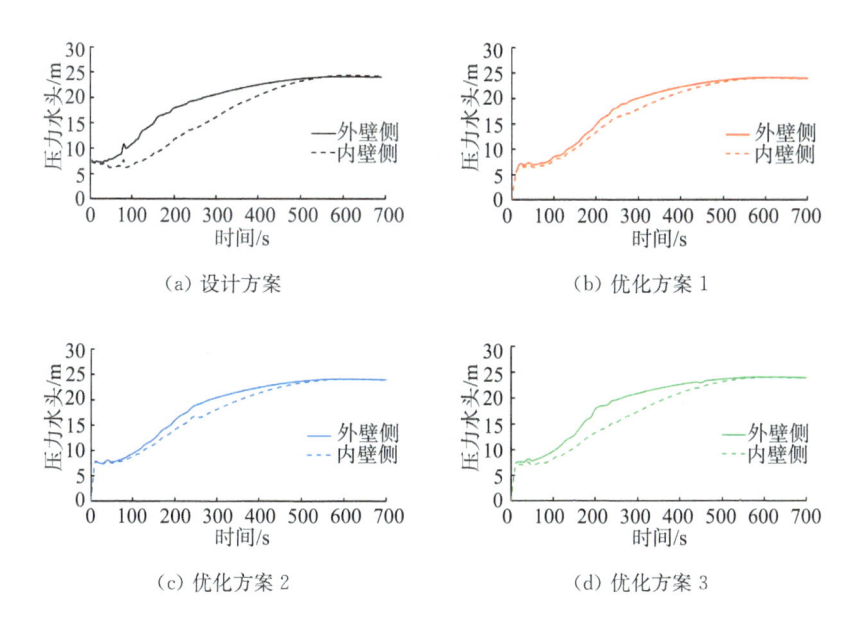

图 3-25　灌水廊道与闸底主廊道弯汇处典型测点压力过程线

表 3-9　不同计算方案下的水平转弯段内外侧边壁压力统计

输水方式	计算方案	典型时刻(s)	内侧边壁压力水头(m)	外侧边壁压力水头(m)	内外侧水头差(m)
灌水过程	初始方案	260	14.33	19.68	5.35
	优化方案 1	240	16.05	17.88	1.83
	优化方案 2	240	16.51	18.50	1.99
	优化方案 3	230	14.49	18.81	4.32
	初始方案	90	6.29	10.18	3.89
	优化方案 1	30	6.50	6.89	0.39
	优化方案 2	30	7.39	7.52	0.13
	优化方案 3	90	7.75	9.27	1.52

注：典型时刻分别选取了不同计算工况下最大流量发生时刻及阀门后廊道顶最小压力发生时刻。

3.5.4　典型区段水流流态

（1）灌水阀门段水流流态

选取不同方案下灌水阀门廊道顶压力最小时刻为对比分析时刻，提取不同计算方案下船闸输水系统灌水阀门后廊道与闸底主廊道相连接的水平转弯段流场的平面和立面流场分布情况,如图 3-26 和图 3-27 所示。

(a) 优化方案 1　　　　　(b) 优化方案 2　　　　　(c) 优化方案 3

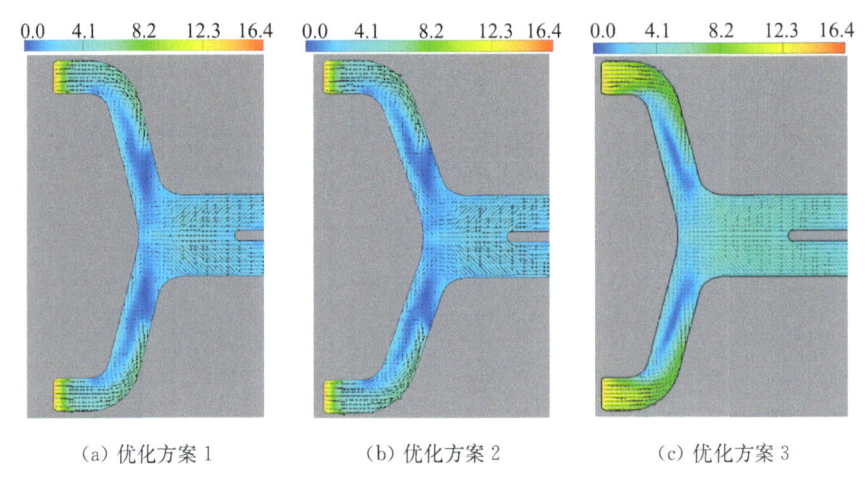

图 3-26　灌水阀门后廊道与闸底主廊道衔接的水平转弯段平面流场($T_{p\min}$)(单位:m/s)

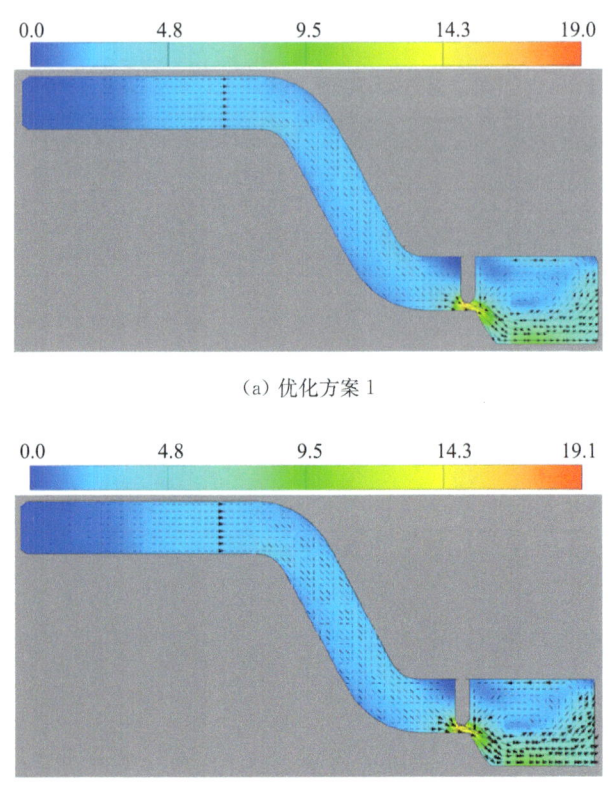

(a) 优化方案 1

(b) 优化方案 2

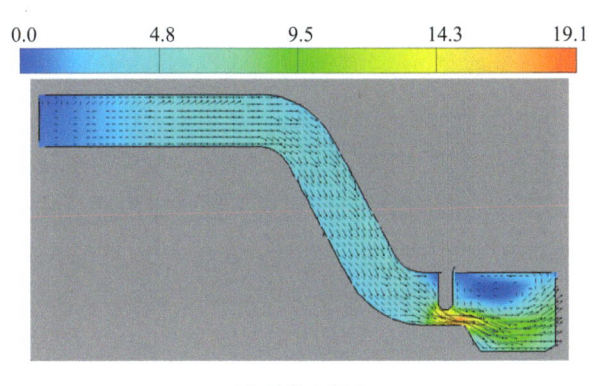

(c) 优化方案3

图3-27 灌水阀门后廊道与闸底主廊道衔接的水平转弯段立面流场($T_{p\min}$)(单位:m/s)

由图可知,通过优化阀门后廊道体型,在灌水阀门开度较小,对应灌水阀门后廊道最小压力发生时刻,水平剖面大流速区流速及作用范围明显减小,在有限的直线段内水流得到一定程度扩散。

与此同时,优化方案2的水平转弯角度调缓幅度较小,对弯汇段外侧边壁受水流冲击的现象并无明显改善,水流流场仍贴向弯段外侧汇入闸底主廊道。

(2) 泄水阀门段水流流态

泄水阀门廊道断面的典型时刻泄水流态如图3-28所示。对比分析灌水过程中,阀门后廊道顶压力最小及最大时刻的断面流态,可知:阀门下端位置流速

(a) 压力最小时刻($T_{p\min}$)泄水阀门廊道断面流态

(b) 压力最大时刻($T_{p\max}$)泄水阀门廊道断面流态

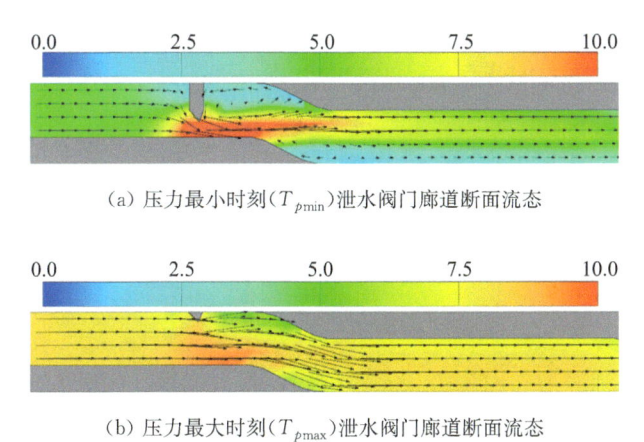

图3-28 优化方案1下的泄水阀门廊道断面流态(单位:m/s)

过大,且在阀门开度较小的情况下,阀门后有回旋水流产生;随着阀门的逐渐提升,阀门后水流逐渐平顺,且通过断面流场图可以观察到,其他部位水流基本平顺。

在闸室流量最大时刻下,闸室及引航道断面、廊道及格栅下断面水流流态如图3-29所示。图3-29(a)中显示,闸室下游格栅出口位置形成了水流回旋区,下游引航道格栅顶部左侧位置水流较为集中,水流扩散后逐渐趋于平稳;图3-29(b)中显示,泄水廊道中的水流整体情况基本平顺。

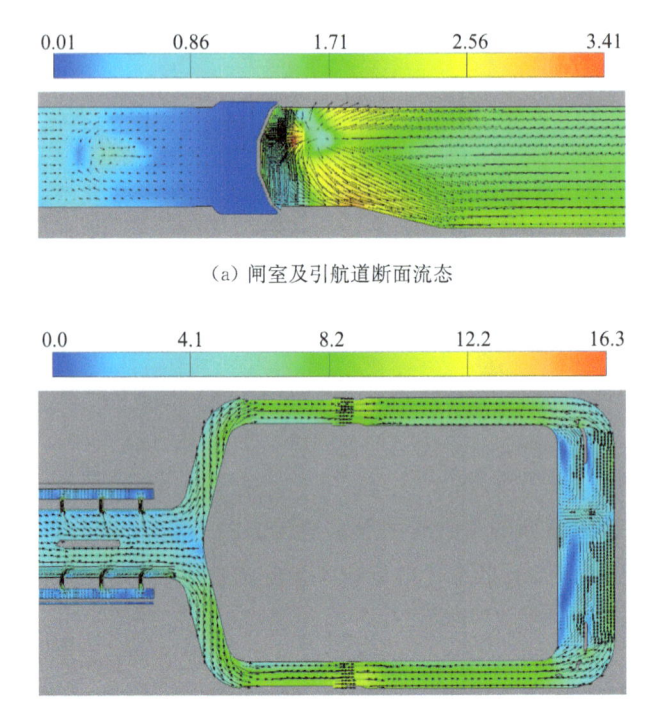

(a) 闸室及引航道断面流态

(b) 泄水廊道及格栅下断面流态

图3-29 流量最大时刻($T_{Q\max}$)泄水过程中典型断面流态(单位:m/s)

3.6 小结

本章以百龙滩枢纽船闸输水系统闸底长廊道侧支孔布置方案为基础,通过建立船闸输水系统三维数学模型,进行设计方案及相应优化方案共4组方案的三维数学模型计算,试验结果表明:

(1) 百龙滩枢纽船闸输水系统闸底长廊道侧支孔布置合理可行，输水效率满足设计输水完成时间要求。灌、泄水阀门双边匀速开启时间为 5 min 时，闸室输水完成时间可满足设计输水时间 10 min 之内的要求。

(2) 针对设计方案暴露出的灌水阀门开度小时，收缩水流受上闸首布置限制，无法在较短的直线段得到充分扩散，形成大范围高流速并顶冲至弯汇段外侧边壁的问题，开展 3 组优化方案研究，结果表明，通过对阀门后廊道底部进行突扩处理，即以 60°的角度将灌水阀门后廊道底端向下扩深 2.50 m，以 30°的角度将廊道底端抬升至高程 99.5 m 处并与闸底主廊道相连接，强迫收缩水流进行扩散，有效减小了阀门后大流速区发生范围及弯汇段外侧边壁动水压强。

(3) 与设计方案相比，优化方案中对应阀门段廊道顶最小压力值发生时刻，水流收缩诱发的灌水阀门后高流速发生范围明显减小，弯汇段外侧边壁所受动水压强亦有所减小，优化方案 1 下的大流速区范围缩小至 1.5 m，且水平剖面流速小于 15 m/s，水平转弯段廊道外侧水流为 6.89 m 压力水头，内外侧压力差减小至 0.39 m 压力水头。

(4) 推荐在保持设计方案阀门进、出水口，闸室出水段方案不变的基础上，将灌水阀门段廊道布置调整至优化方案 1 结构布置型式，形成物理模型试验方案。

(5) 在后续物理模型试验阶段，除对船闸输水水力特性、廊道压力特性、闸室泊稳特性进行试验外，将重点关注进、出水口局部水流条件，解决设计方案中出水口扩散水流分布不均匀问题。

第4章

船闸输水系统物理模型试验

4.1 概述

在开展百龙滩船闸输水系统物理模型试验前,本研究按照设计方案构建了百龙滩船闸输水系统的三维数学模型,计算区域包括部分引航道及全部闸室在内,总长度共计 463.00 m,模型总体宽度为 54.50 m,闸室有效尺度为 230.00 m×23.00 m×4.80 m。

针对设计方案中暴露出的灌水阀门开度小时,收缩水流受上闸首布置限制,无法在较短的直线段得到充分扩散,形成大范围高流速区的问题,对灌水阀门后廊道体型进行了优化,即以 60°的角度将灌水阀门后廊道底端向下扩深 2.50 m,以 30°的角度将廊道底端抬升至高程 99.5 m 处并与闸底主廊道相连接,强迫收缩水流进行扩散,可以有效减小阀门后大流速区发生范围及弯汇段外侧边壁动水压强。设计体型方案与优化体型方案局部流场图如图 4-1 所示,优化前后阀门廊道如图 4-2 所示。

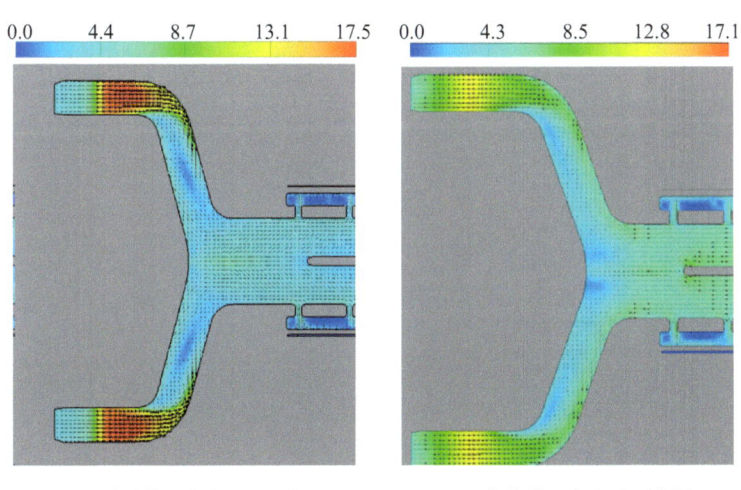

(a) 设计体型方案平面流场　　　(b) 优化体型方案平面流场

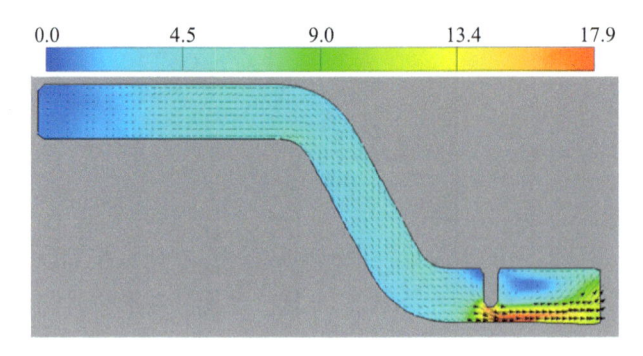

(c) 设计体型方案立面流场

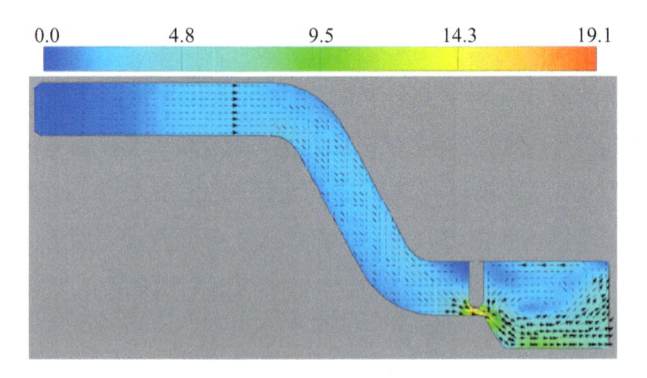

(d) 优化体型方案立面流场

图 4-1　设计体型方案与优化体型方案局部流场图(单位:m/s)

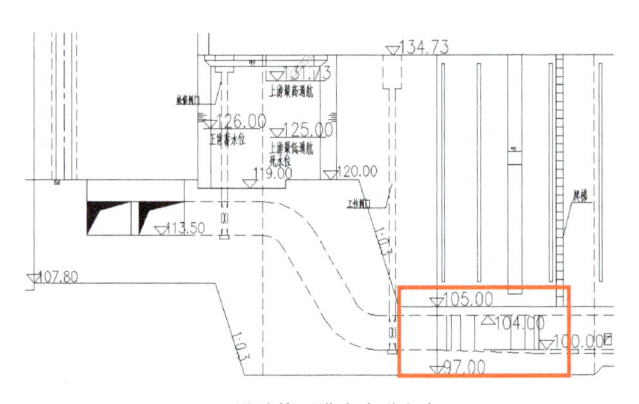

(a) 设计体型灌水廊道方案

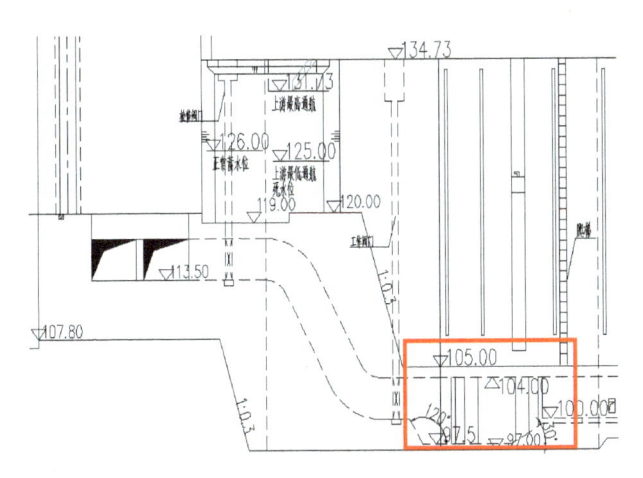

(b) 优化体型灌水廊道方案

图 4-2 灌水廊道优化示意图(单位:m/s)

百龙滩船闸输水系统设计优化方案各部分尺寸见表 4-1,平面及立面布置示意见图 4-3。

表 4-1 百龙滩船闸输水系统设计优化方案特征尺寸

序号	部位	描述	面积(m²)	与输水阀门面积比
1	进水口	考虑平面布置空间有限,采用顶面格栅进水,进口廊道段中间设置导墙且以水平 90°弯段与阀门段廊道相连;进水廊道顶高程 117.5 m。最大水头时顶高程淹没水深 8.5 m	格栅进口总面积: 20×5×1.5(数量×长×宽)=150 2×2×5.0×4.0(数量×数量×宽×高,下同) =80	4.69 2.5
2	灌水阀门段廊道	廊道顶高程 104.0 m,底高程 100.0 m;阀门后,廊道顶高程 104.0 m,底高程 97.5 m,即以 60°的角度将灌水阀门后廊道底端向下扩深 2.50 m,以 30°的角度将廊道底端抬升至高程 99.5 m 处并与闸底主廊道相连接	2×4.0×4.0=32.0 2×4.0×6.5=52	1.00 1.63
3	检修闸门、阀门	在充、泄水阀门上游及下游均设有检修门及门井	2×4.0×4.0=32.0	1.00
4	闸室主廊道	通过水平转弯段,与阀门段廊道相连,宽度增大至 4.5 m,底高程为 99.5 m	2×4.5×4.5=40.5	1.27

续表

序号	部位	描述	面积(m²)	与输水阀门面积比
5	闸室出水支孔	出水段每侧设30个出水孔,出水孔分三组,每组10孔,从上游至下游宽度由0.75 m向0.55 m递减,高度保持1.0 m不变,侧支孔出水后采用明沟消能	2×10×(0.75+0.65+0.55)×1.0=39	1.22
6	泄水阀门段廊道	廊道顶高程104 m,底高程100 m,最大水头时顶高程淹没水深6.0 m	2×4.0×4.0=32.0	1.00
7	出水口	左、右侧廊道下弯,底高程变为98.0 m,高度4.0 m,连接检修阀门,经直线段廊道向左汇入消能室,顶部布置出水栅格	消能室进口断面:2×7.0×4.0=56.0 格栅出口总面积:10×7.0×1.5=105	1.75 3.28

(a) 平面布置图

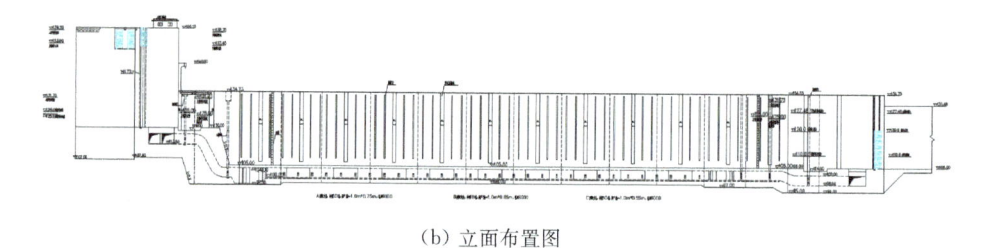

(b) 立面布置图

图4-3 百龙滩船闸输水系统设计优化方案布置示意图

4.2 物理模型设计与制作

4.2.1 物理模型

根据规程,船闸水力学整体模型几何比尺宜为1:20~1:30。考虑到本项目试验研究内容及试验场地条件,建立1∶30船闸水力学整体模型,模型为正态,几何比尺:$\lambda_l=L_m/L_p=30$。其中,L_m为模型的尺度;L_p为原型的尺度。

模型与原型各物理量的换算关系如下:

流速比尺:$\lambda_v=(\lambda_l)^{1/2}=5.48$;

流量比尺:$\lambda_Q=(\lambda_l)^{5/2}=4\,929.50$;

时间比尺:$\lambda_T=(\lambda_l)^{1/2}=5.48$;

糙率比尺:$\lambda_n=(\lambda_l)^{1/6}=1.76$;

力比尺:$\lambda_P=\lambda_F=(\lambda_l)^3=27\,000$;

吃水比尺:$\lambda_h=\lambda_l=30$;

排水量比尺:$\lambda_w=(\lambda_l)^3=27\,000$。

水工模型的范围包括原型上游部分引航道(导航调顺段)、进水口段、船闸上下闸首、闸室、输水系统(包括上下游阀门段、输水廊道支孔段)、下游出水口段及下游引航道。

船闸水力学整体模型布置在天科院船闸水力学整体模型试验厅。为了便于观察,输水廊道、闸室内出水支孔段、上下游闸首及闸室边墙均选用有机玻璃制作;上下游引航道模型边墙及底板用灰塑板制作。试验代表船模采用红松、铁皮制作,几何比尺1∶30,并按排水量进行配重。模型及试验代表船模如图4-4至图4-6所示。

图4-4 百龙滩船闸水力学试验整体物理模型

图 4-5 百龙滩船闸输水系统物理模型

(a) 1 000 t 级单船船模

(b) 2×1 000 t 级顶推船队船模

图 4-6 百龙滩船闸代表船型船模

4.2.2 试验仪器设备

（1）模型、下游引航道水位

试验在控制上、下游水位的过程中，采用溢流式平水槽进行控制，可以根据试验工况调整至适宜高度，多余水量通过泄水管道进行下泄，从而达到稳定上、下游水位的目的，试验装置如图 4-7 所示。

(a) 上游平水装置

(b) 下游平水装置

图 4-7 上、下游引航道水位控制设施

（2）输水廊道阀门启闭

试验采用以步进电机驱动、可无级调速的启闭机进行控制，并自主研发阀门启闭控制系统，可按阀门启闭时间调整阀门的启闭速度。在进行阀门启闭的过程中，根据时间比尺换算阀门的启闭速度，输入控制软件实现阀门的匀速启闭。启闭装置如图 4-8 所示。

图 4-8 输水廊道阀门启闭装置

(3) 闸室灌泄水水位及输水廊道压力

采用电阻式点压力传感器,可监测闸室水位及输水廊道阀门前后关键部位压力,如图 4-9 所示。

图 4-9 电阻式点压力传感器

(4) 船队(舶)系缆力

船舶及船队的系缆力,采用电阻式测力传感器进行测定,传感器与采集系统相连接,实现试验过程中信息的实时采集。传感器如图 4-10 所示。

图 4-10　电阻式测力传感器

(5) 灌、泄水恒定流流量

模型下游水库尾渠出口处连接有 90°三角形量水堰,可根据试验规程计算输水系统灌、泄水恒定流流量。三角形量水堰如图 4-11 所示。

图 4-11　下游水库尾渠三角形量水堰

(6) 信号采集及控制系统

本研究采用自主研发的船闸输水系统水力学模型试验监测采集设备及软件控制系统，可实时监测、采集船闸输水过程上游进口水位、下游出口水位、闸室水位、输水廊道压力以及船舶（队）系缆力的过程数据。信号采集设备及控制系统如图 4-12 所示。

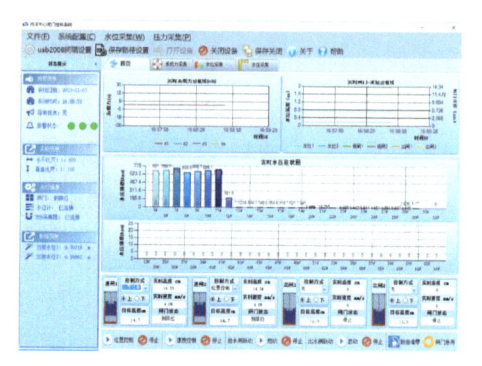

(a) 试验监测采集设备　　　　(b) 试验软件控制系统

图 4-12　信号采集设备及控制系统

4.2.3　传感器布置示意图

(1) 灌水廊道

闸室上游工作阀门前侧廊道顶端布置 2 个压力传感器，标号为 1# 和 2#，间隔 0.10 m；工作阀门后廊道顶端布置 6 个压力传感器，标号为 3# 至 8#，其中 3# 至 6# 传感器每个间隔 0.05 m，6# 至 8# 传感器每个间隔 0.10 m；转弯段外侧和内侧各布置 1 个压力传感器，标号为 9# 和 10#，如图 4-13 所示。

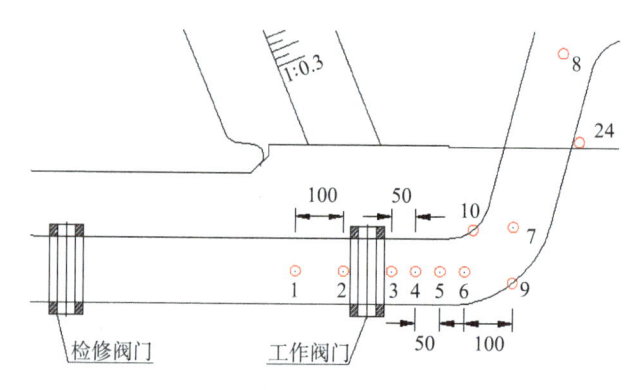

(a) 平面布置示意图（单位：mm）

(b) 模型布置图

图 4-13　灌水廊道传感器布置图

(2) 泄水廊道

闸室下游工作阀门前廊道顶端布置 2 个压力传感器，标号为 11# 和 12#，间隔 0.10 m；工作阀门后廊道顶端布置 6 个压力传感器，标号为 13# 至 18#，其中 13# 至 15# 传感器每个间隔 0.05 m，15# 至 18# 传感器每个间隔 0.10 m，传感器布置如图 4-14 所示。

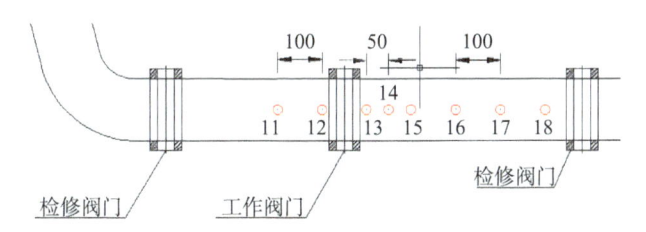

(a) 平面布置示意图（单位：mm）

(b) 模型布置图

图 4-14　泄水廊道传感器布置图

(3) 闸室

闸室左侧及右侧各布置 3 个水位传感器,分别位于闸室上游首个系船柱、中央及末个系船柱位置。左侧传感器编号为 21# 至 23#,右侧传感器编号为 24# 至 26#,传感器布置如图 4-15 所示。

图 4-15　闸室传感器布置图

(4) 进、出口格栅

闸室进口格栅及出口格栅中央位置各布置 1 个水位传感器,传感器编号为 19# 和 20#,传感器布置如图 4-16 所示。

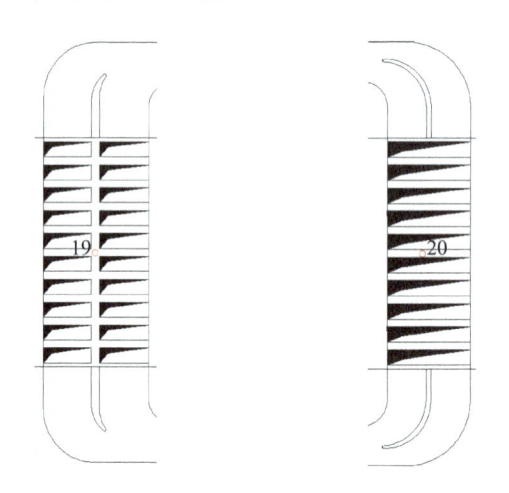

图 4-16　上、下游格栅传感器布置图

4.3　闸室输水水力特性

本节针对最大设计水头差 16 m(水位组合:126 m~110 m)和典型水头差 10.24 m(水位组合:126 m~115.76 m)工况开展试验研究,测定并计算了灌、泄水阀门不同开启时间的闸室水位变化过程、流量变化过程及闸室的灌、泄水时间。船闸输水系统灌、泄水过程试验工况如图 4-17 和图 4-18 所示。

(a) 闸室灌水前

(b) 闸室灌水后

图 4-17 船闸输水系统闸室灌水过程

(a) 闸室泄水前

(b) 闸室泄水后

图 4-18 船闸输水系统闸室泄水过程

4.3.1 输水系统流量系数

根据《水电水利工程常规水工模型试验规程》(DL/T 5244—2010)，本研究通过安装直角三角堰对灌、泄水过程的船闸输水系统流量系数进行测定。流量计算采用以下拟合经验公式：

$$Q = 1.33 H^{2.465} \tag{4-1}$$

式中：Q 为恒定流流量；H 为堰上水头，适用范围为 0.03～0.25 m。

在恒定流条件下，测定工作阀门全开的输水流量及引航道和闸室水位。输水系统流量系数 μ 的计算公式为：

$$\mu = \frac{Q}{\omega \sqrt{2gh}} \tag{4-2}$$

式中：Q 为流量；ω 为阀门全开面积；h 为引航道及闸室的水位差。

选取灌、泄水过程中闸门全开后的多个水位差工况，取多次试验结果的平均值，计算得出灌水阀门全开时输水系统的流量系数 $\mu=0.61$，泄水阀门全开时输水系统的流量系数 $\mu=0.63$。

具体计算结果见表 4-2。

表 4-2　输水系统流量系数

阀门开启方式	上游水位(m)	闸室水位(m)	下游水位(m)	水位差 H (m)	流量 Q (m^3/s)	流量系数 μ	平均流量系数 $\bar{\mu}$
双边开启	130.00	115.00		15.00	337.10	0.6144	0.61
	128.00	115.00		13.00	310.07	0.6070	
	126.00	115.00		11.00	284.38	0.6052	
		130.00	115.00	15.00	345.47	0.6296	0.63
		128.00	115.00	13.00	320.72	0.6279	
		126.00	115.00	11.00	297.06	0.6322	

4.3.2　水头差 16 m 工况

首先开展试验研究上、下游水头差 16 m 的工况,即上游水位 126 m,下游水位 110 m,阀门双边和单边匀速开启时间分别为 3 min、4 min、5 min 和 6 min。最终试验所得船闸输水系统灌、泄水不同工况下主要水力特征值见表 4-3 和表 4-4。

表 4-3　水头差 16 m 工况下的闸室输水水力特征值(双边)

	阀门开启时间(min)	输水时间(min)	最大流量(m^3/s)	进口最大断面平均流速(m/s)	阀门廊道断面最大流速(m/s)	惯性超高/超降值(m)
灌水	3	9.83	233.29	1.56	7.29	0.12
	4	10.35	220.26	1.47	6.88	0.11
	5	10.80	208.18	1.39	6.51	0.08
	6	11.17	196.65	1.31	6.15	0.10
泄水	3	9.57	256.30	—	8.01	−0.17
	4	9.77	244.94	—	7.65	−0.13
	5	10.00	229.27	—	7.16	−0.16
	6	10.17	219.17	—	6.84	−0.15

表 4-4　水头差 16 m 工况下的闸室输水水力特征值(单边)

	阀门开启时间(min)	输水时间(min)	最大流量(m^3/s)	进口最大断面平均流速(m/s)	阀门廊道断面最大流速(m/s)	惯性超高/超降值(m)
灌水	3	17.42	150.56	1.00	4.71	0.03
	4	17.67	147.03	0.98	4.59	0.02
	5	17.98	141.06	0.94	4.41	0.01
	6	18.08	137.42	0.92	4.29	0.01
泄水	3	16.33	179.13	—	5.60	0.05
	4	16.50	171.79	—	5.37	0.02
	5	16.80	164.36	—	5.14	0.01
	6	17.03	158.86	—	4.96	0.01

由表 4-3 可知，上下游水头差为 16 m 的工况下，灌水过程中，双边阀门开启时间为 3 min 时，可满足船闸设计输水 10 min 的时间要求；而双边阀门开启时间为 4 min 时，可基本满足船闸设计输水 10 min 的时间要求。泄水过程中，双边阀门开启时间不大于 5 min 时，可满足船闸设计输水 10 min 的时间要求。

而由表 4-4 可知，上下游水头差为 16 m 的工况下，阀门单边开启的灌、泄水均无法满足船闸设计输水 10 min 的时间要求。

经统计，灌水过程中，进口最大断面平均流速均小于 2.5 m/s 的设计值；灌、泄水过程中，阀门处输水廊道断面最大流速均小于设计要求的 15 m/s；不同阀门开启时间下，闸室灌、泄水的超高或超降值均小于 0.25 m。

典型水力特性曲线如图 4-19 至图 4-22 所示。

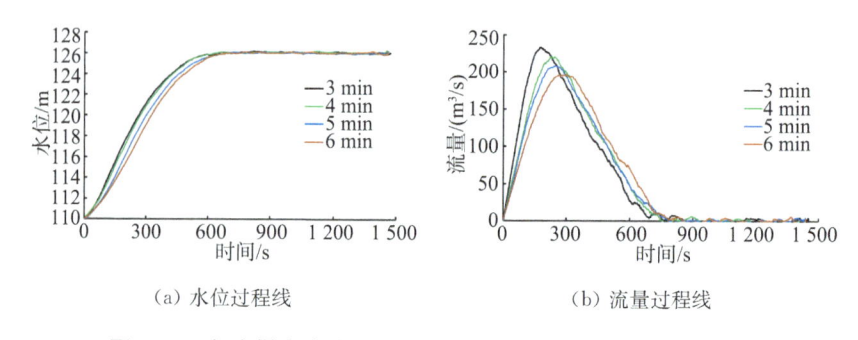

(a) 水位过程线　　(b) 流量过程线

图 4-19　闸室最大水头 $H=16$ m 时的灌水水力特性曲线(双边)

(a) 水位过程线 (b) 流量过程线

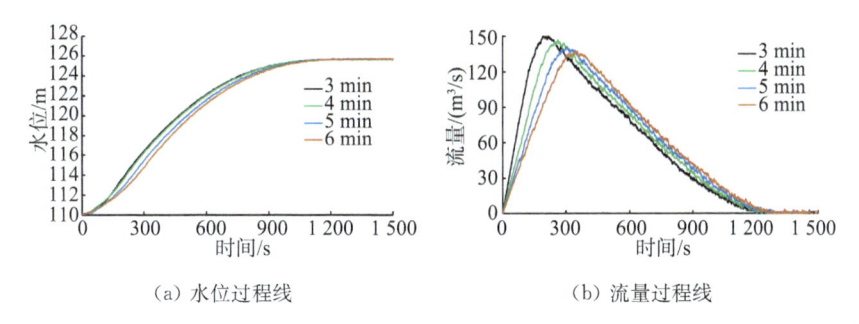

图 4-20 闸室最大水头 $H=16$ m 时的灌水水力特性曲线(单边)

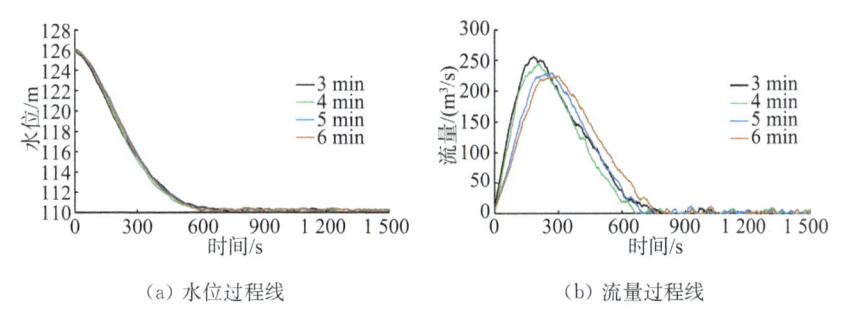

(a) 水位过程线 (b) 流量过程线

图 4-21 闸室最大水头 $H=16$ m 时的泄水水力特性曲线(双边)

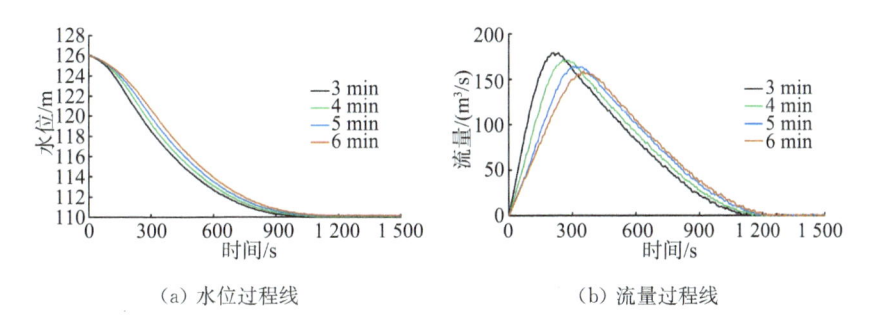

(a) 水位过程线 (b) 流量过程线

图 4-22 闸室最大水头 $H=16$ m 时的泄水水力特性曲线(单边)

4.3.3　水头差 10.24 m 工况

随后开展试验研究上、下游水头差 10.24 m 的工况,即上游水位 126 m,下游水位 115.76 m,阀门双边和单边匀速开启时间分别为 3 min、4 min、5 min 和 6 min。最终试验所得船闸输水系统灌、泄水不同工况下主要水力特征值见表 4-5 和表 4-6。

表 4-5　水头差 10.24 m 工况下的闸室输水水力特征值（双边）

	阀门开启时间(min)	输水时间(min)	最大流量(m^3/s)	进口最大断面平均流速(m/s)	阀门廊道断面最大流速(m/s)	惯性超高/超降值(m)
灌水	3	9.2	168.64	1.12	5.27	0.13
	4	9.95	162.08	1.08	5.07	0.11
	5	10.4	154.89	1.03	4.84	0.08
	6	10.53	142.62	0.95	4.46	0.03
泄水	3	8.3	192.48	—	6.02	−0.06
	4	8.8	184.06	—	5.75	−0.05
	5	9.37	173.74	—	5.43	−0.02
	6	9.77	158.93	—	4.97	−0.01

表 4-6　水头差 10.24 m 工况下的闸室输水水力特征值（单边）

	阀门开启时间(min)	输水时间(min)	最大流量(m^3/s)	进口最大断面平均流速(m/s)	阀门廊道断面最大流速(m/s)	惯性超高/超降值(m)
灌水	3	15.72	116.01	0.77	3.63	0.09
	4	15.95	112.73	0.75	3.52	0.06
	5	16.5	109.56	0.73	3.42	0.07
	6	16.82	105.29	0.70	3.29	0.03
泄水	3	12.13	137.44	—	4.30	−0.06
	4	12.37	132.16	—	4.13	−0.04
	5	12.82	124.01	—	3.88	−0.01
	6	13.23	120.21	—	3.76	−0.01

由表 4-5 可知，上下游水头差为 10.24 m 的工况下，灌水过程中，双边阀门开启时间不大于 4 min 时，可满足船闸设计输水 10 min 的时间要求；泄水过程中，双边阀门开启时间在试验所测试的 6 min 以内时，均可满足船闸设计输水 10 min 的时间要求。

而由表 4-6 可知，上下游水头差为 10.24 m 的工况下，阀门单边开启的灌、泄水均无法满足船闸设计输水 10 min 的时间要求。

经统计，灌水过程中，进口最大断面平均流速均小于 2.5 m/s 的设计值；灌、泄水过程中，阀门处输水廊道断面最大流速均小于设计要求的 15 m/s；不同阀门开启时间下，闸室灌、泄水的超高或超降值均小于 0.25 m。

典型水力特性曲线如图 4-23 至图 4-26 所示。

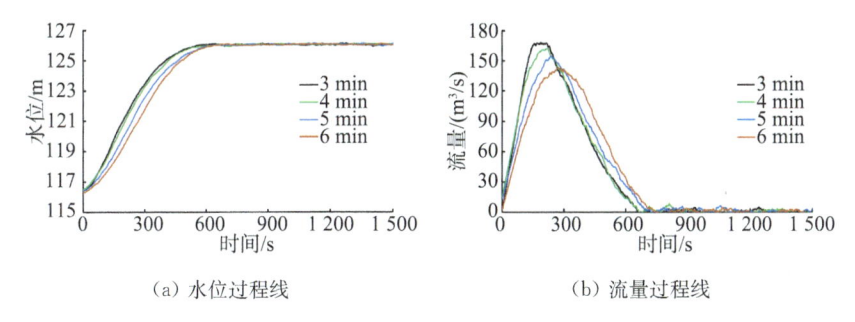

(a) 水位过程线   (b) 流量过程线

图 4-23 闸室最大水头 $H=10.24$ m 时的灌水水力特性曲线(双边)

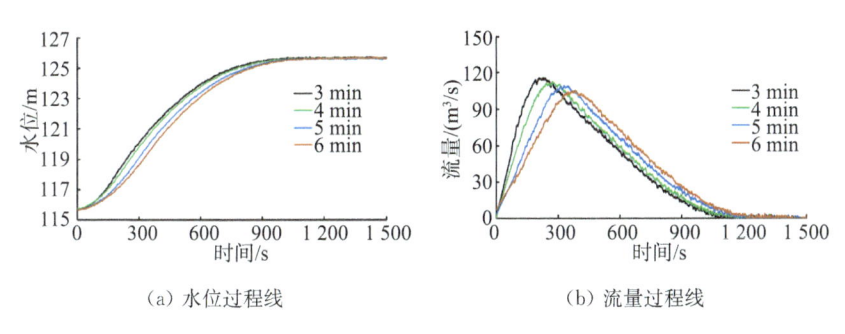

(a) 水位过程线   (b) 流量过程线

图 4-24 闸室最大水头 $H=10.24$ m 时的灌水水力特性曲线(单边)

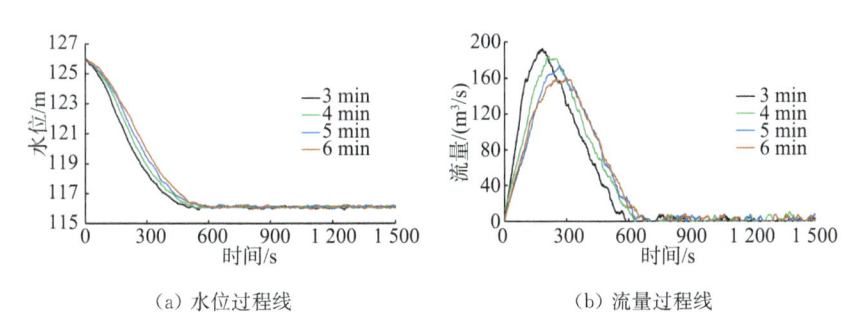

(a) 水位过程线   (b) 流量过程线

图 4-25 闸室最大水头 $H=10.24$ m 时的泄水水力特性曲线(双边)

(a) 水位过程线 (b) 流量过程线

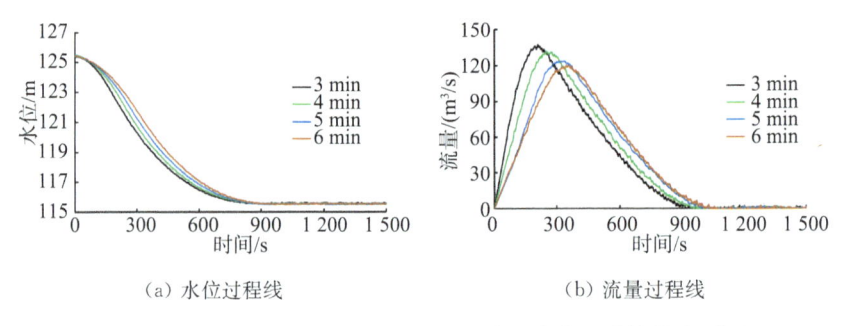

图 4-26 闸室最大水头 $H=10.24$ m 时的泄水水力特性曲线(单边)

4.4 闸室船舶停泊条件

船舶系缆力试验选择设计船型中 1 000 t 级单船和 2×1 000 t 级顶推船队进行试验。根据要求,1 000 t 级单船和 2×1 000 t 级顶推船队在本船闸安全过闸允许系缆力见表 4-7。

表 4-7 闸室内船舶系缆力允许值

船舶吨位	允许纵向水平分力(kN)	允许横向水平分力(kN)
1 000 t 级单船	32	16
2×1 000 t 级顶推船队	32	16

根据设计要求,按照试验设计工况将单船停放于闸室上段、中段及下段;将船队停放于闸室前段及后段。取满足输水水力特性的最快阀门开启时间 3 min 作为闸室灌、泄水的阀门开启时间,分别监测上下游水头差 16 m 和 10.24 m 的输水阀门双边及单边开启过程中,不同停泊位置的系缆力变化过程。若 3 min 的阀门开启时间工况下,船舶系缆力不满足要求,则进一步开展阀门较慢时间开启工况下船舶系缆力的试验测试,直至试验结果满足要求。

4.4.1 单船闸室上段停泊

将单船船模停泊于闸室上游位置,监测闸室灌、泄水过程中,船舶所受的纵向系缆力、船首横向系缆力及船尾横向系缆力,如图 4-27 所示。

图 4-27　1 000 t 级单船停泊闸室上段系缆力监测

统计不同试验工况下船舶不同部位所受的系缆力极值,如表 4-8 所示,系缆力变化过程如图 4-28 至图 4-31 所示。统计结果可知,不同灌、泄水试验工况下,输水廊道阀门双边及单边开启时间为 3 min 时,船舶纵向、船首横向及船尾横向系缆力均满足要求,即纵向系缆力未超过 32 kN,横向系缆力未超过 16 kN。

表 4-8　1 000 t 级单船停泊闸室上段灌、泄水系缆力极值($t_v=3$ min)

输水类型	阀门开启方式	上下游水头差(m)	纵向(kN)	船首横向(kN)	船尾横向(kN)
灌水	双边	16.00	17.46	5.29	8.47
		10.24	13.76	5.29	5.82
	单边	16.00	13.76	7.41	13.23
		10.24	12.17	4.76	9.00
泄水	双边	16.00	13.76	9.00	9.35
		10.24	9.53	4.23	8.47
	单边	16.00	6.88	5.29	5.29
		10.24	5.29	4.76	3.70

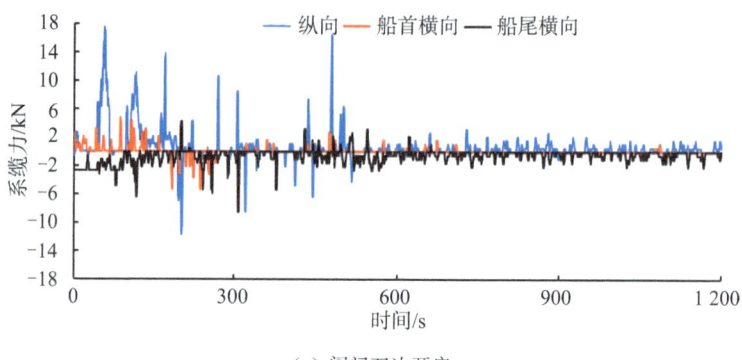

(a) 阀门双边开启

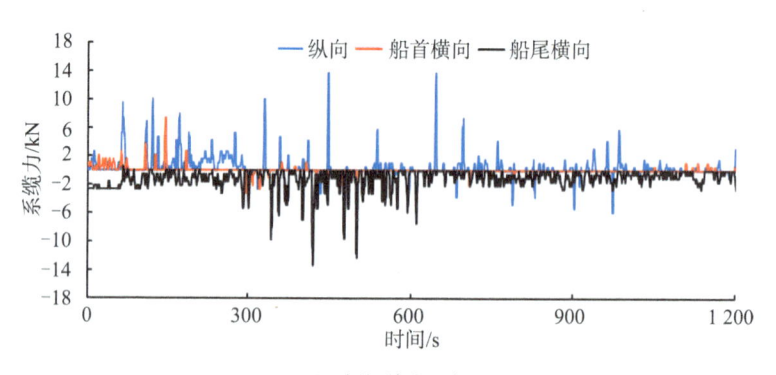

(b) 阀门单边开启

图 4-28　1 000 t 级单船停泊闸室上段灌水系缆力过程线
（$H=16$ m, $t_v=3$ min）

(a) 阀门双边开启

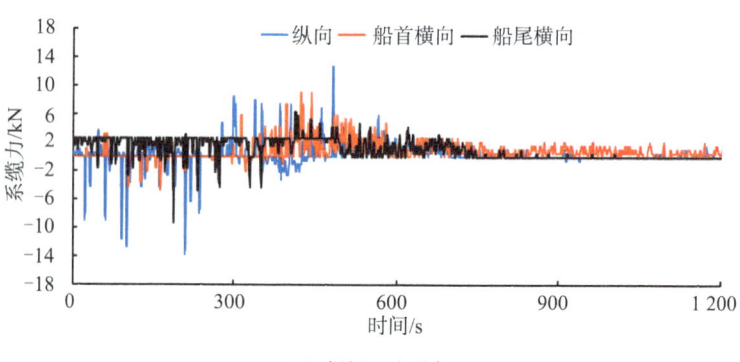

(b) 阀门单边开启

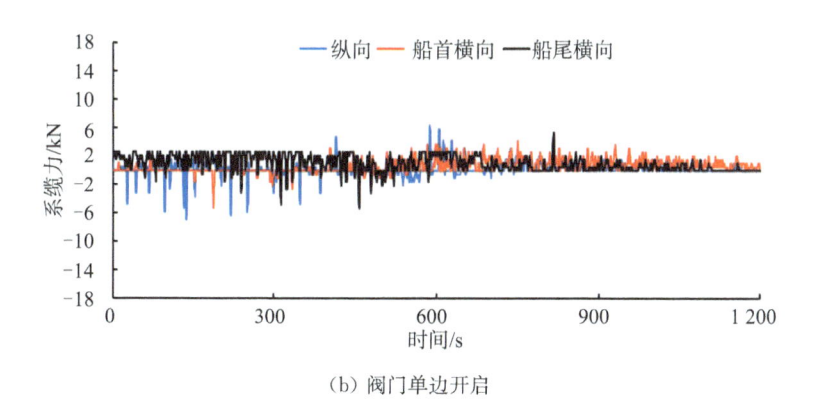

图 4-29　1 000 t 级单船停泊闸室上段泄水系缆力过程线
($H=16$ m, $t_v=3$ min)

(a) 阀门双边开启

(b) 阀门单边开启

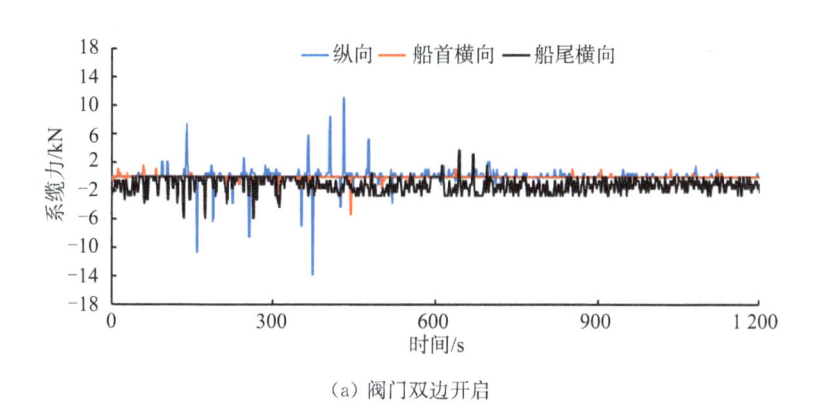

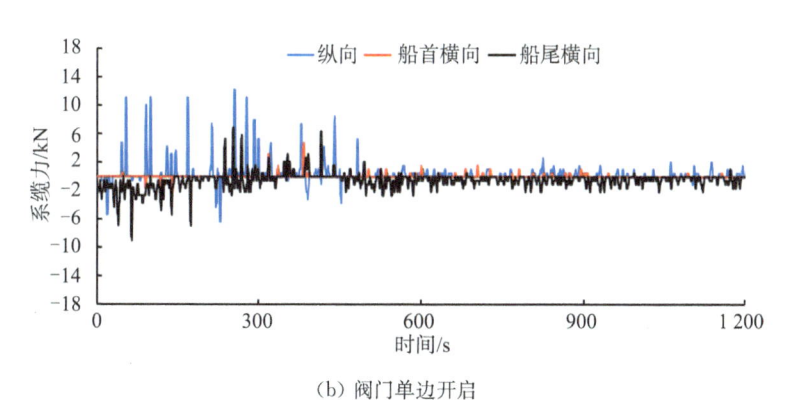

图 4-30　1 000 t 级单船停泊闸室上段灌水系缆力过程线
($H=10.24$ m, $t_v=3$ min)

(a) 阀门双边开启

(b) 阀门单边开启

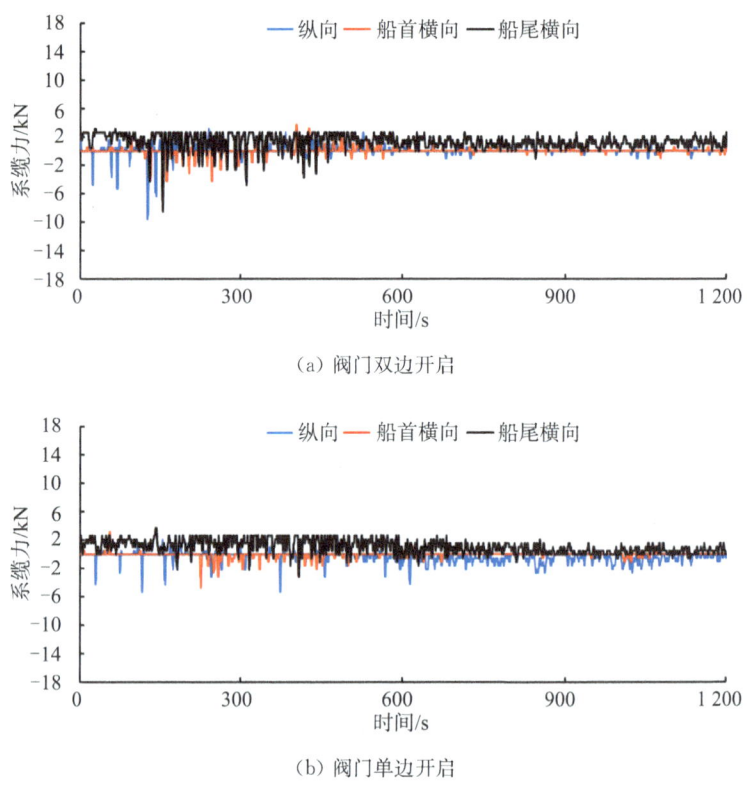

图 4-31　1 000 t 级单船停泊闸室上段泄水系缆力过程线
(H＝10.24 m, t_v＝3 min)

4.4.2　单船闸室中段停泊

将单船船模停泊于闸室中游位置，监测闸室灌、泄水过程中，船舶所受的纵向系缆力、船首横向系缆力及船尾横向系缆力，如图 4-32 所示。

统计不同试验工况下船舶不同部位所受的系缆力极值，如表 4-9 所示，系缆力变化过程如图 4-33 至图 4-36 所示。统计结果可知，不同灌、泄水试验工况下，输水廊道阀门双边及单边开启时间为 3 min 时，船舶纵向、船首横向及船尾横向系缆力均满足要求，即纵向系缆力未超过 32 kN，横向系缆力未超过 16 kN。

图 4-32　1 000 t 级单船停泊闸室中段系缆力监测

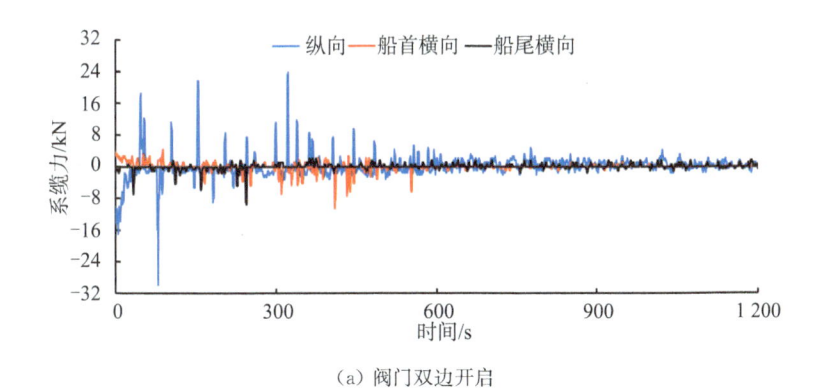

表 4-9　1 000 t 级单船停泊闸室中段灌、泄水系缆力极值（t_v＝3 min）

输水类型	阀门开启方式	上下游水头差(m)	纵向(kN)	船首横向(kN)	船尾横向(kN)
灌水	双边	16.00	29.81	10.47	9.53
		10.24	25.40	9.00	6.35
	单边	16.00	20.11	14.82	11.64
		10.24	14.82	5.29	5.29
泄水	双边	16.00	22.76	7.41	11.64
		10.24	19.58	5.29	9.00
	单边	16.00	21.70	7.41	9.53
		10.24	12.70	4.23	3.70

(a) 阀门双边开启

(b) 阀门单边开启

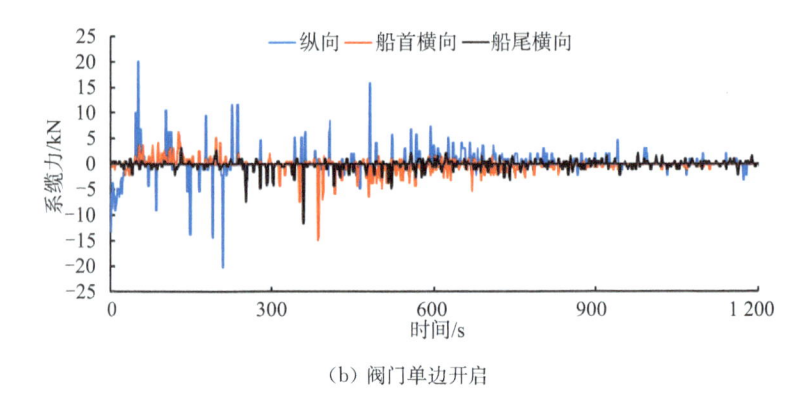

图 4-33 1 000 t 级单船停泊闸室中段灌水系缆力过程线

($H=16$ m, $t_v=3$ min)

(a) 阀门双边开启

(b) 阀门单边开启

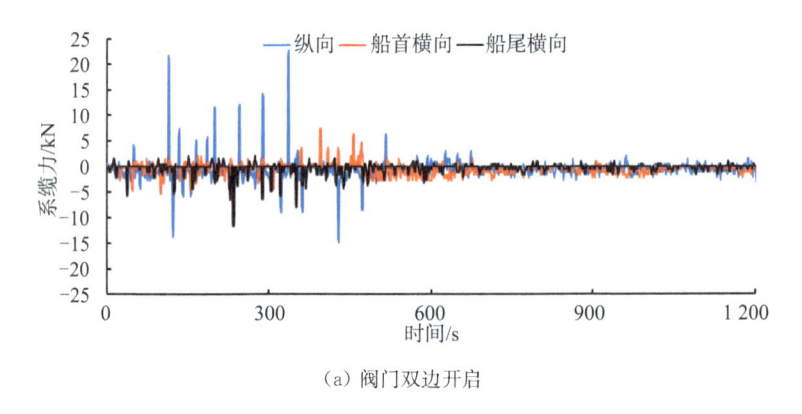

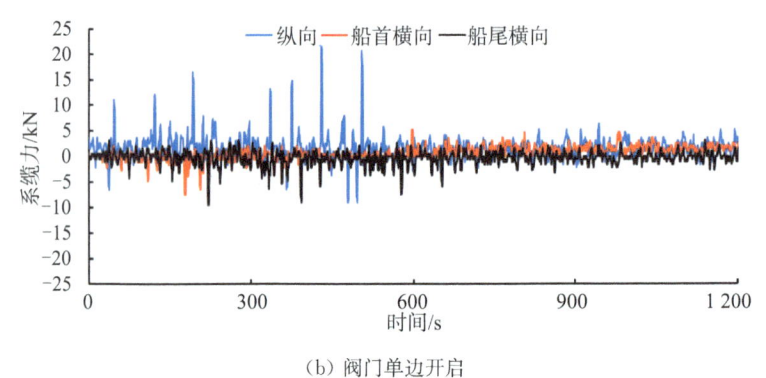

图 4-34 1 000 t 级单船停泊闸室中段泄水系缆力过程线

($H=16$ m, $t_v=3$ min)

(a) 阀门双边开启

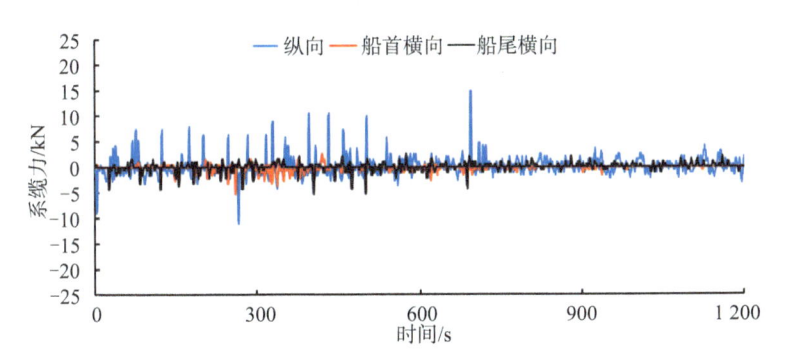

(b) 阀门单边开启

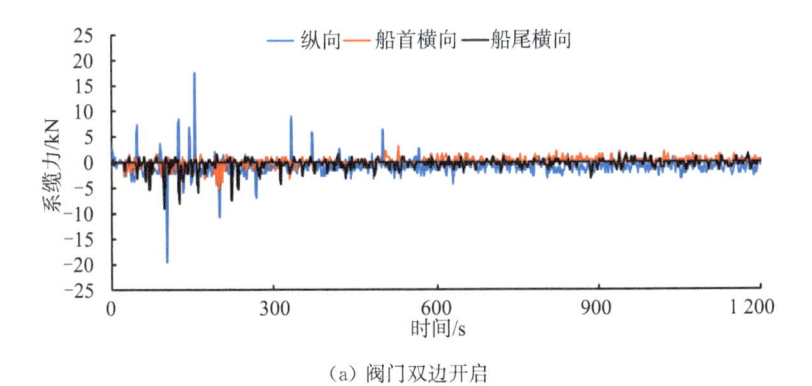

图 4-35　1 000 t 级单船停泊闸室中段灌水系缆力过程线
($H=10.24$ m, $t_v=3$ min)

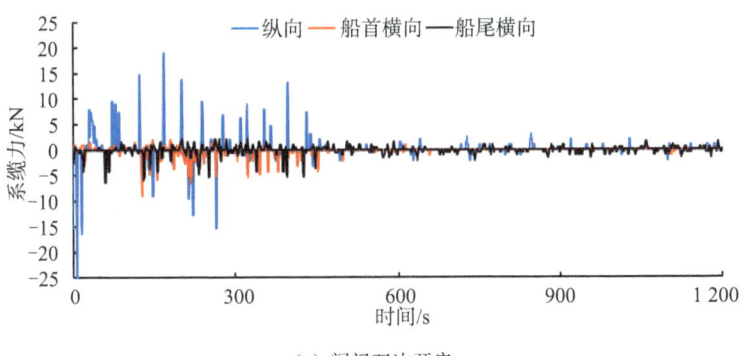

(a) 阀门双边开启

(b) 阀门单边开启

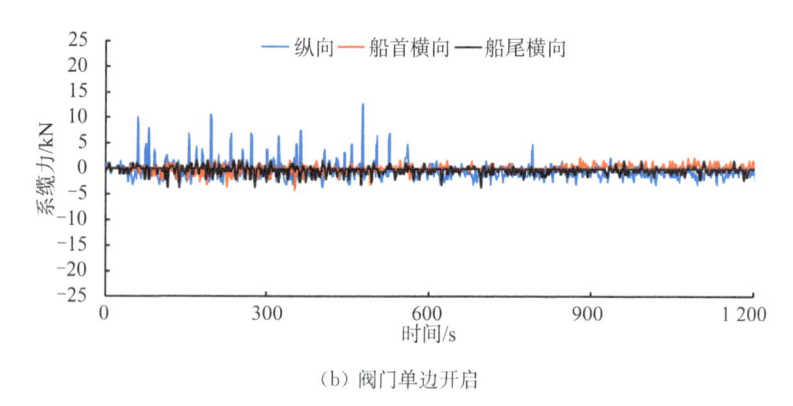

图 4-36　1 000 t 级单船停泊闸室中段泄水系缆力过程线
($H=10.24$ m, $t_v=3$ min)

4.4.3　单船闸室下段停泊

将单船船模停泊于闸室下游位置，监测闸室灌、泄水过程中，船舶所受的纵向系缆力、船首横向系缆力及船尾横向系缆力，如图 4-37 所示。

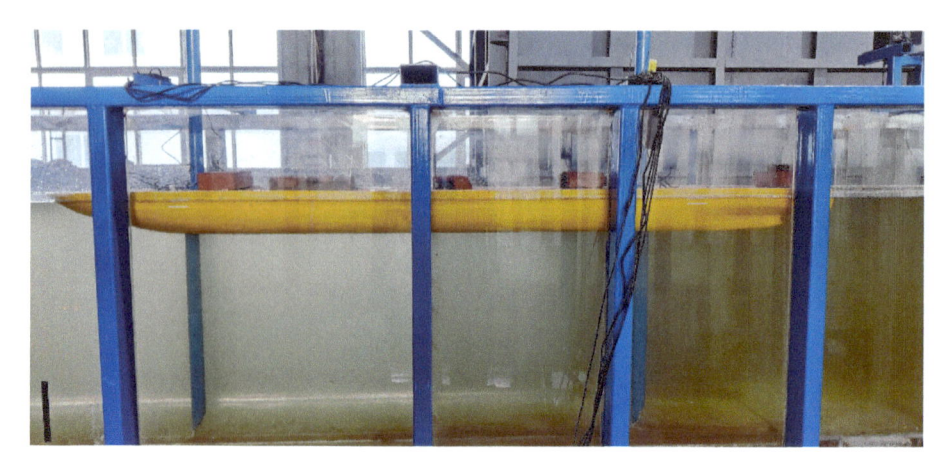

图 4-37　1 000 t 级单船停泊闸室下段系缆力监测

统计不同试验工况下船舶不同部位所受的系缆力极值，如表 4-10 所示，系缆力变化过程如图 4-38 至图 4-41 所示。统计结果可知，不同灌、泄水试验工况下，输水廊道阀门双边及单边开启时间为 3 min 时，除阀门双边开启，上下游水头差为 16 m 灌水工况下纵向系缆力为 32.81 kN 外，其余工况船舶纵向、船首横向及船尾横向系缆力均满足要求,即纵向系缆力未超过 32 kN,横向系缆力未超过 16 kN。

表 4-10 1 000 t 级单船停泊闸室下段灌、泄水系缆力极值(t_v=3 min)

输水类型	阀门开启方式	上下游水头差(m)	纵向(kN)	船首横向(kN)	船尾横向(kN)
灌水	双边	16.00	32.81	11.64	9.00
		10.24	21.00	7.41	13.76
	单边	16.00	16.93	8.47	7.41
		10.24	9.00	4.76	4.23
泄水	双边	16.00	24.87	9.53	8.47
		10.24	15.88	6.35	4.23
	单边	16.00	12.70	6.35	4.23
		10.24	7.61	7.41	6.35

(a) 阀门双边开启

(b) 阀门单边开启

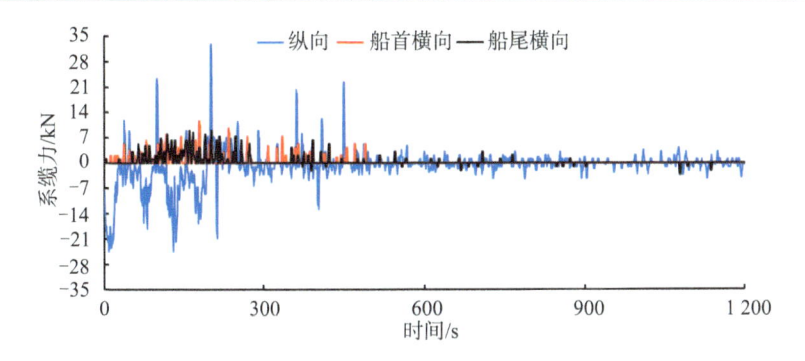

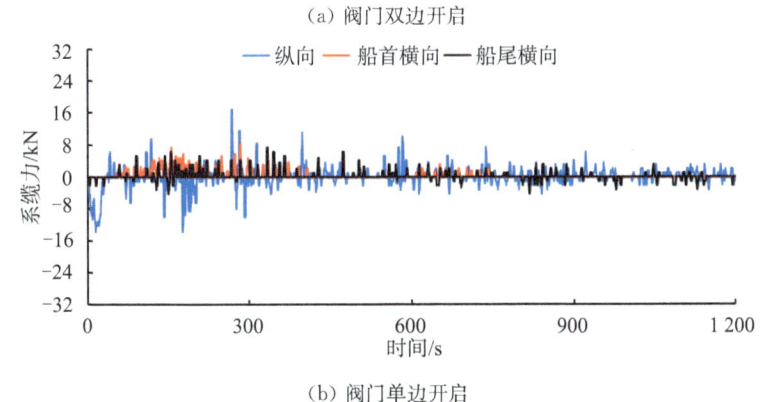

图 4-38 1 000 t 级单船停泊闸室下段灌水系缆力过程线
(H=16 m, t_v=3 min)

(a) 阀门双边开启

(b) 阀门单边开启

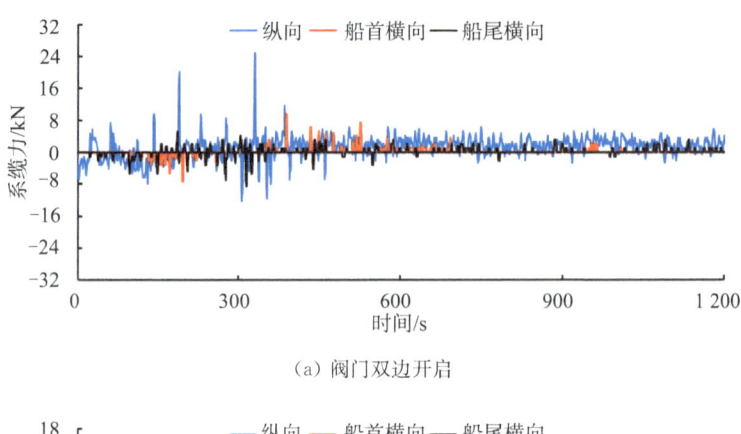

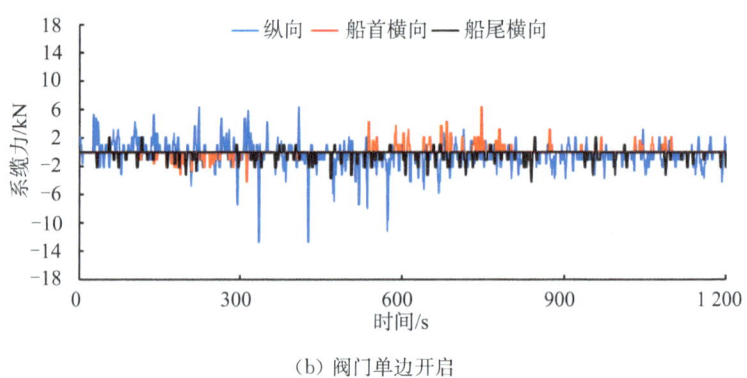

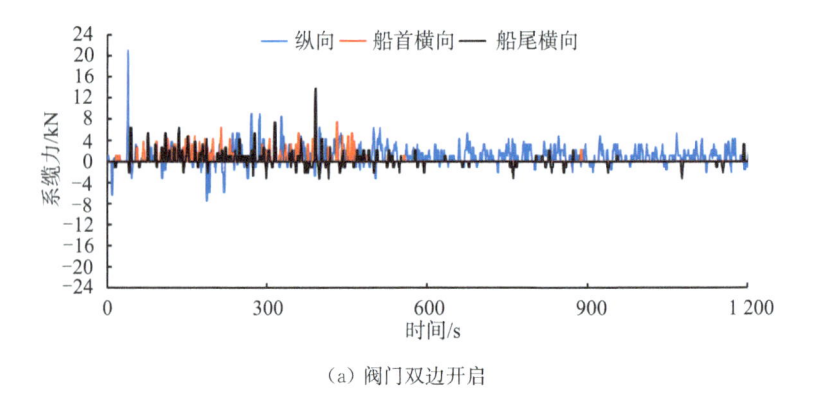

图 4-39　1 000 t 级单船停泊闸室下段泄水系缆力过程线
($H=16$ m, $t_v=3$ min)

(a) 阀门双边开启

(b) 阀门单边开启

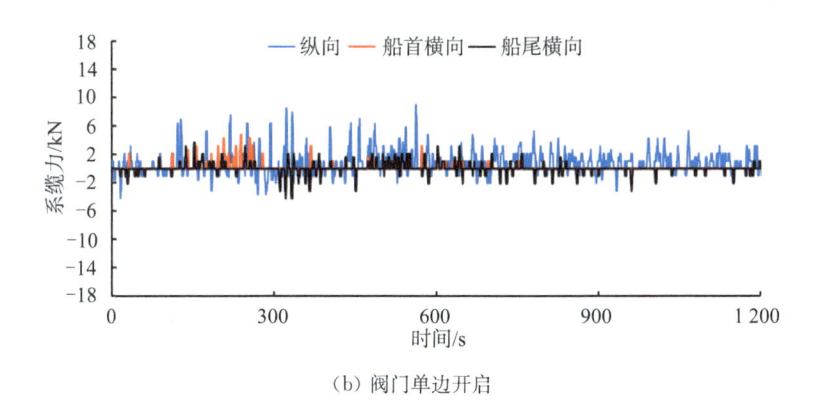

图 4-40　1 000 t 级单船停泊闸室下段灌水系缆力过程线

($H=10.24$ m, $t_v=3$ min)

(a) 阀门双边开启

(b) 阀门单边开启

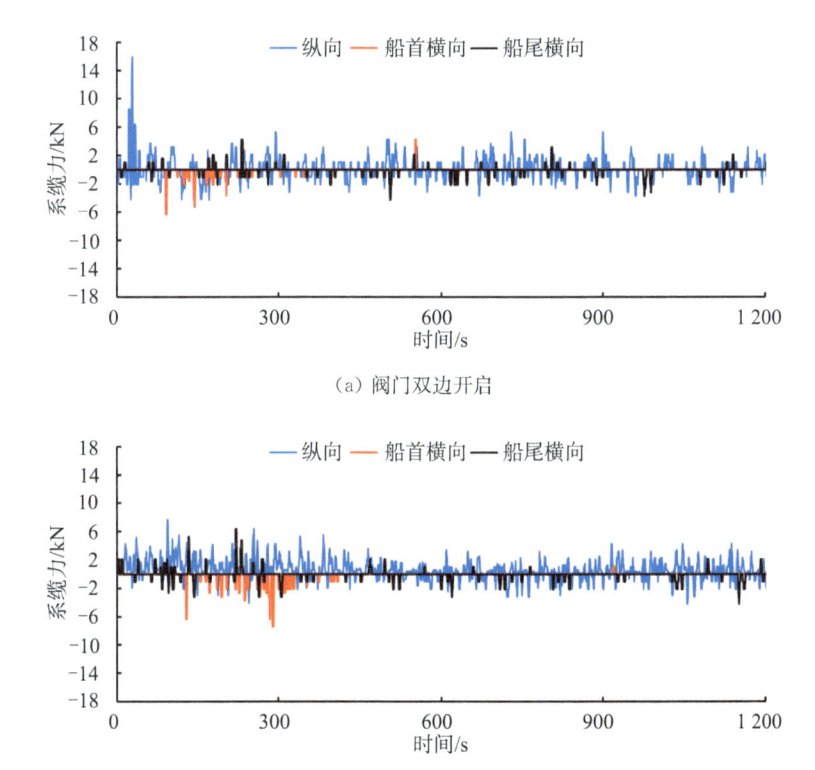

图 4-41　1 000 t 级单船停泊闸室下段泄水系缆力过程线

($H=10.24$ m, $t_v=3$ min)

延长输水阀门的开启时间,开展阀门双边及单边开启时间为 4 min,上下游水头差为 16 m 灌水工况下的船舶系缆力监测,并绘制系缆力变化过程线,如图 4-42 所示。在此工况下,船舶纵向、船首横向及船尾横向系缆力均满足要求,阀门双边开启的情况下,极值分别为 23.9 kN、8.89 kN 和 8.88 kN,即纵向系缆力未超过 32 kN,横向系缆力未超过 16 kN。

(a) 阀门双边开启

(b) 阀门单边开启

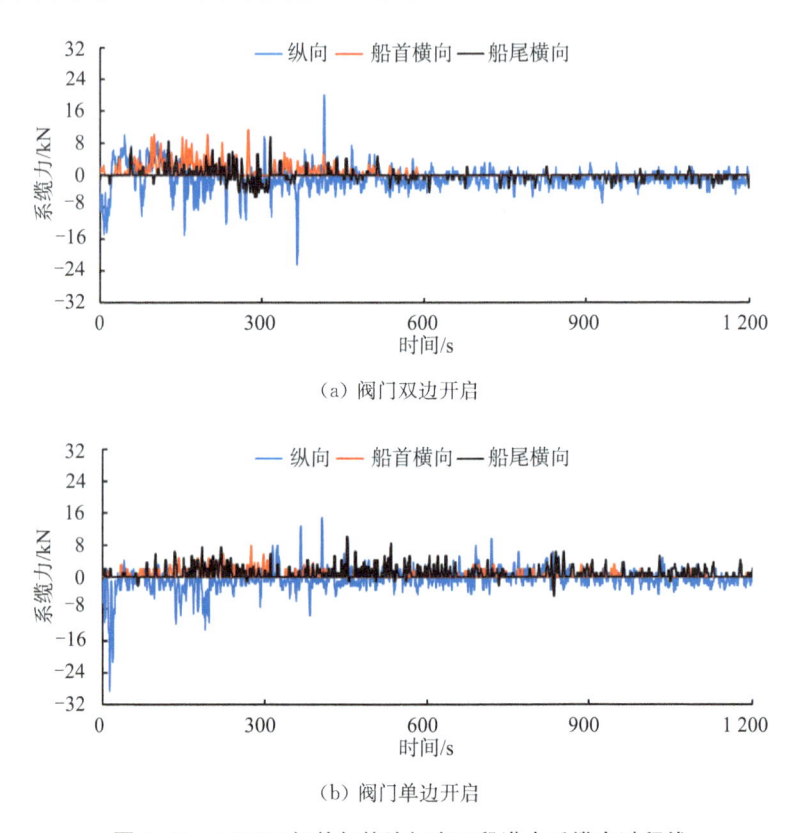

图 4-42 1 000 t 级单船停泊闸室下段灌水系缆力过程线

($H=16$ m,$t_v=4$ min)

4.4.4 船队闸室上段停泊

将顶推船队船模停泊于闸室上游位置,监测闸室灌、泄水过程中,船舶所受的纵向系缆力、船首横向系缆力及船尾横向系缆力,如图 4-43 所示。

图 4-43　2×1 000 t 级船队停泊闸室上段系缆力监测

统计不同试验工况下船舶不同部位所受的系缆力极值,如表 4-11 所示,系缆力变化过程如图 4-44 至图 4-47 所示。统计结果可知,不同灌、泄水试验工况下,输水廊道阀门双边及单边开启时间为 3 min 时,除阀门双边开启、上下游水头差为 16 m 的灌水工况下纵向系缆力为 36.52 kN 外,其余工况下船舶纵向、船首横向及船尾横向系缆力均满足要求,即纵向系缆力未超过 32 kN,横向系缆力未超过 16 kN。

表 4-11　2×1 000 t 级船队停泊闸室上段灌、泄水系缆力极值(t_v=3 min)

输水类型	阀门开启方式	上下游水头差(m)	纵向(kN)	船首横向(kN)	船尾横向(kN)
灌水	双边	16.00	36.52	11.11	9.00
		10.24	19.06	9.53	2.12
	单边	16.00	22.22	10.58	9.53
		10.24	20.64	7.41	3.18
泄水	双边	16.00	13.23	6.35	10.58
		10.24	15.88	7.41	7.41
	单边	16.00	13.76	9.00	7.41
		10.24	13.23	4.23	11.11

(a) 阀门双边开启

(b) 阀门单边开启

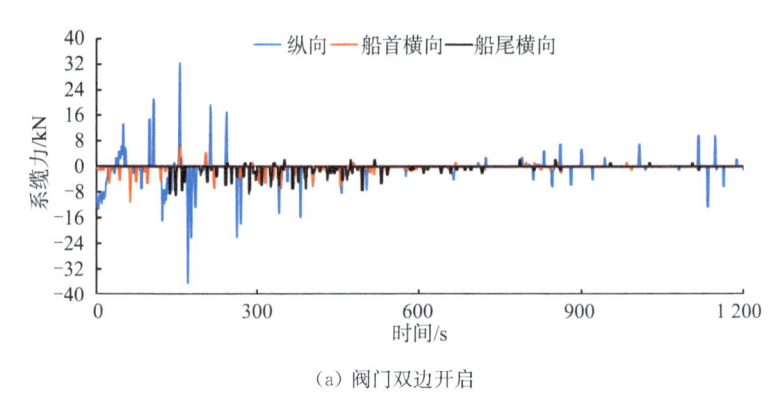

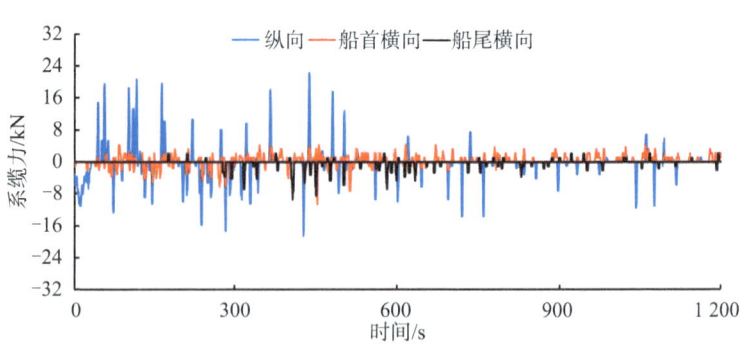

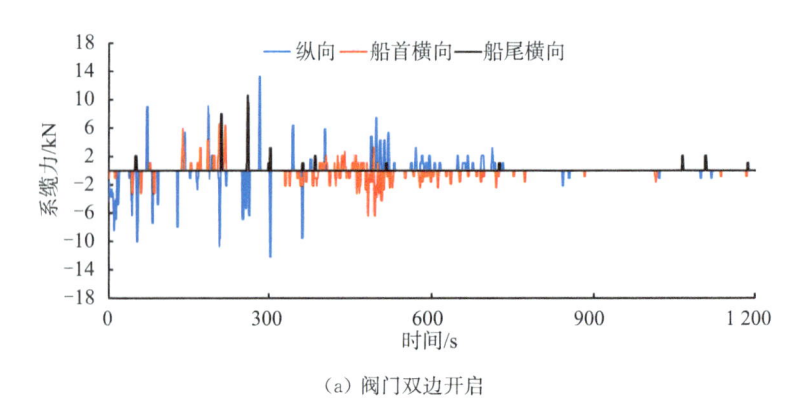

图 4-44 2×1 000 t 级船队停泊闸室上段灌水系缆力过程线 ($H=16$ m, $t_v=3$ min)

(a) 阀门双边开启

(b) 阀门单边开启

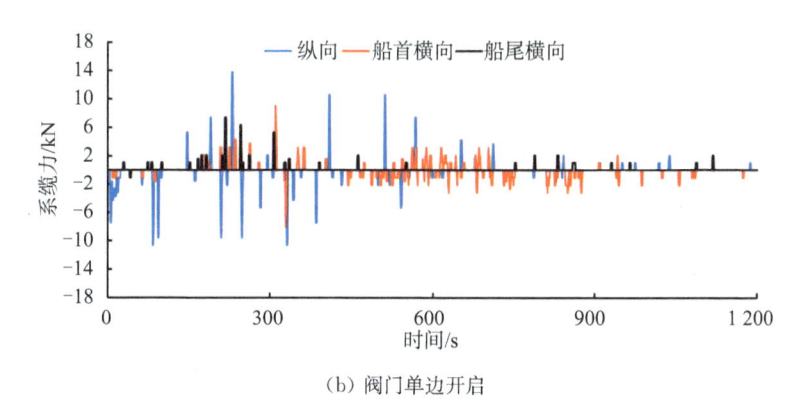

图 4-45　2×1 000 t 级船队停泊闸室上段泄水系缆力过程线

($H=16$ m, $t_v=3$ min)

(a) 阀门双边开启

(b) 阀门单边开启

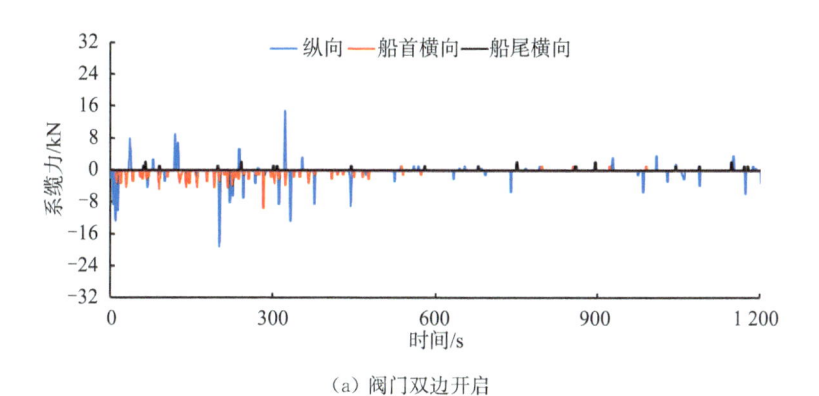

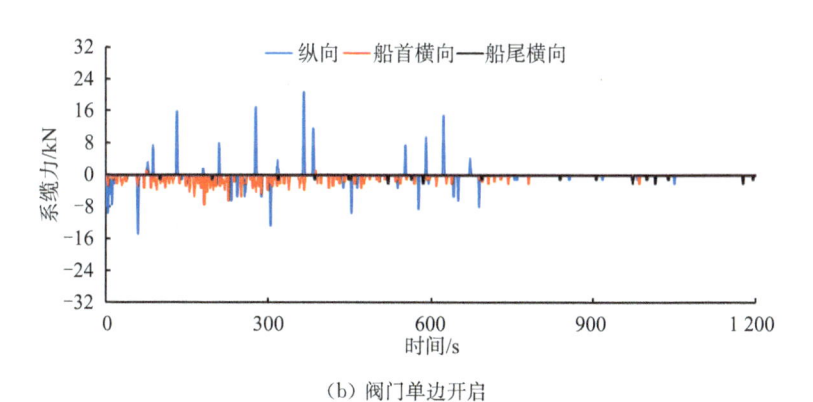

图 4-46　2×1 000 t 级船队停泊闸室上段灌水系缆力过程线

($H=10.24$ m, $t_v=3$ min)

(a) 阀门双边开启

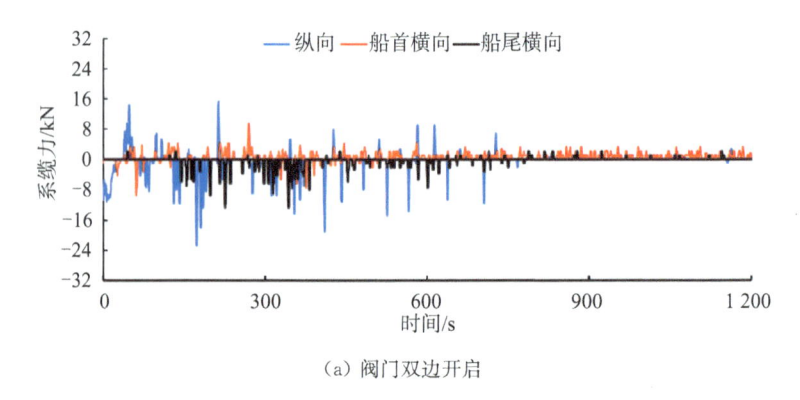

(b) 阀门单边开启

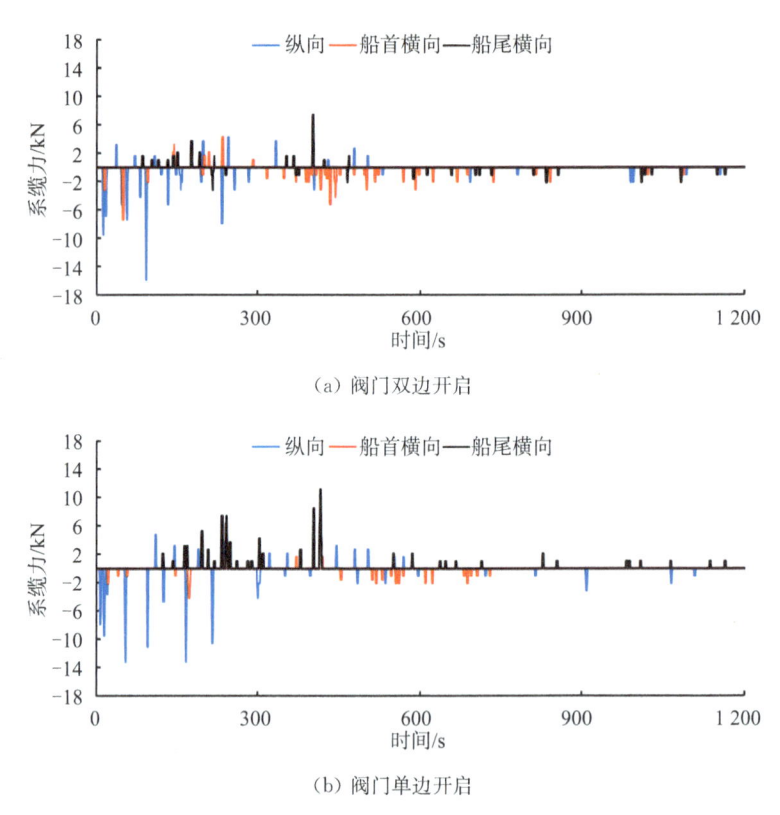

图 4-47　2×1 000 t 级船队停泊闸室上段泄水系缆力过程线
($H=10.24$ m, $t_v=3$ min)

延长输水阀门的开启时间,开展阀门双边及单边开启时间为 4 min、上下游水头差为 16 m 的灌水工况下的船舶系缆力监测,并绘制系缆力变化过程线,如图 4-48 所示。在此工况下,船舶纵向、船首横向及船尾横向系缆力均满

(a) 阀门双边开启

(b) 阀门单边开启

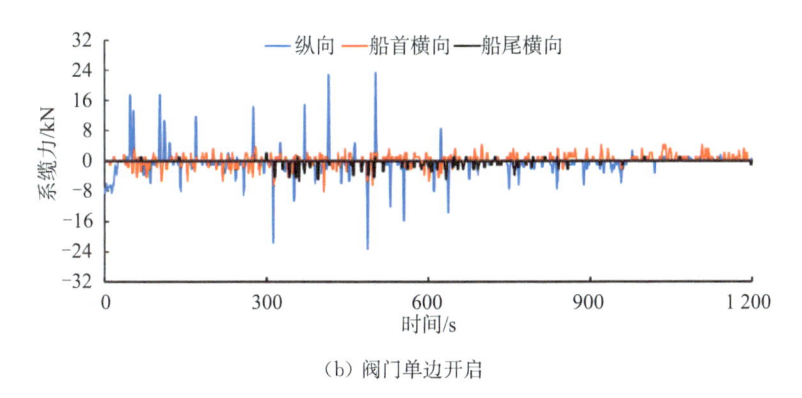

图 4-48 2×1 000 t 级船队停泊闸室上段灌水系缆力过程线
$(H=16\text{ m}, t_v=4\text{ min})$

足要求，阀门双边开启时，极值分别为 22.76 kN、9.53 kN 和 12.70 kN，即纵向系缆力未超过 32 kN，横向系缆力未超过 16 kN。

4.4.5 船队闸室下段停泊

将顶推船队船模停泊于闸室下游位置，监测闸室灌、泄水过程中，船舶所受的纵向系缆力、船首横向系缆力及船尾横向系缆力，如图 4-49 所示。

图 4-49 2×1 000 t 级船队停泊闸室下段系缆力监测

统计不同试验工况下船舶不同部位所受的系缆力极值，如表 4-12 所示，系缆力变化过程如图 4-50 至图 4-53 所示。统计结果可知，不同灌、泄水试验工况下，输水廊道阀门双边及单边开启时间为 3 min 时，除阀门双边开启、上下游水头差为 16 m 的灌水工况下纵向系缆力为 38.10 kN 外，其余工况下船舶纵向、船首横向及船尾横向系缆力均满足要求,即纵向系缆力未超过 32 kN,横向系缆力未超过 16 kN。

表 4-12　2×1 000 t 级船队停泊闸室下段灌、泄水系缆力极值(t_v＝3 min)

输水类型	阀门开启方式	上下游水头差(m)	纵向(kN)	船首横向(kN)	船尾横向(kN)
灌水	双边	16.00	38.10	12.17	11.11
		10.24	22.23	8.47	5.29
	单边	16.00	24.34	9.53	10.05
		10.24	15.35	4.23	5.29
泄水	双边	16.00	12.17	9.53	12.70
		10.24	14.82	9.53	10.58
	单边	16.00	16.93	7.94	9.53
		10.24	8.47	6.88	8.47

(a) 阀门双边开启

(b) 阀门单边开启

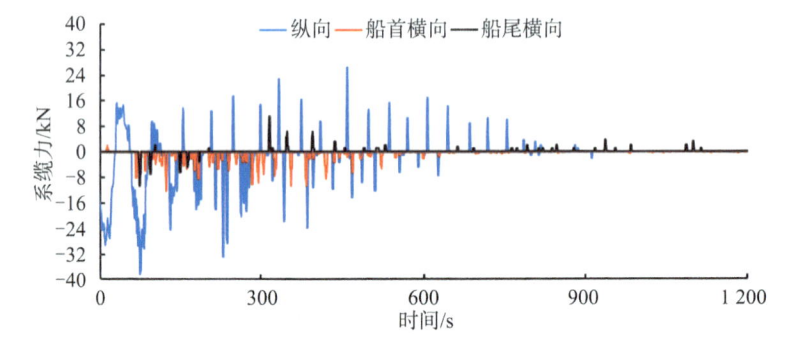

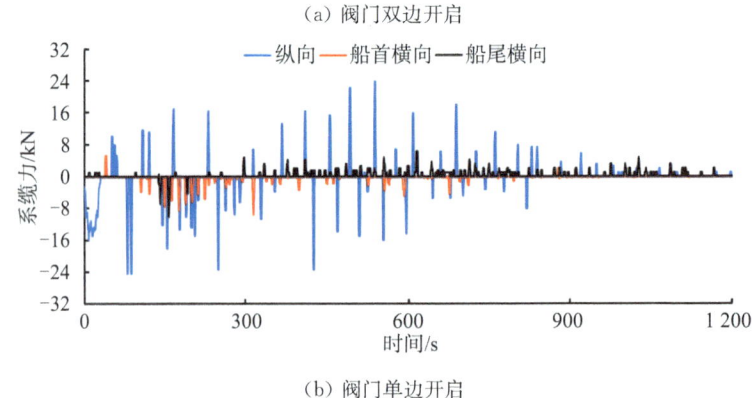

图 4-50　2×1 000 t 级船队停泊闸室下段灌水系缆力过程线
(H＝16 m,t_v＝3 min)

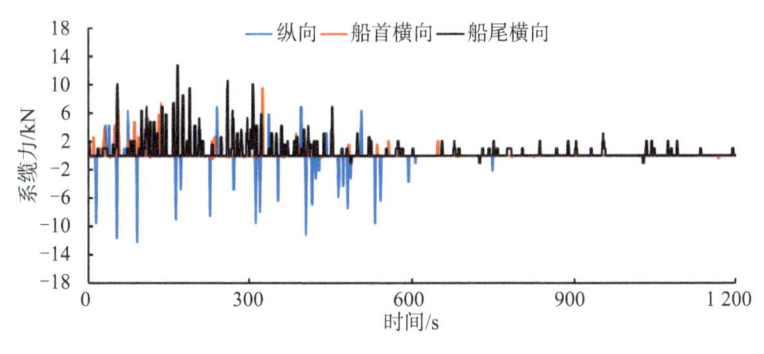

(a) 阀门双边开启

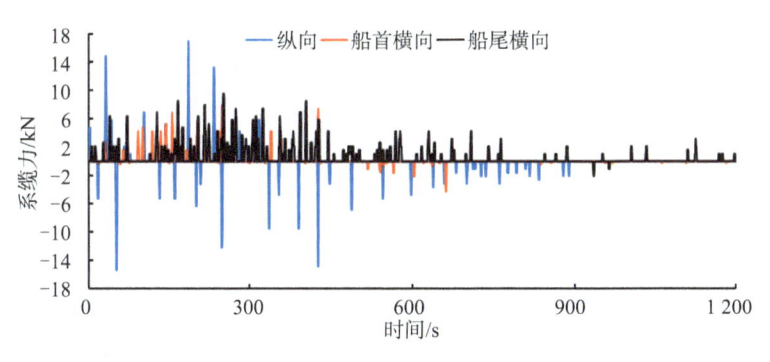

(b) 阀门单边开启

图 4-51　2×1 000 t 级船队停泊闸室下段泄水系缆力过程线
($H=16$ m, $t_v=3$ min)

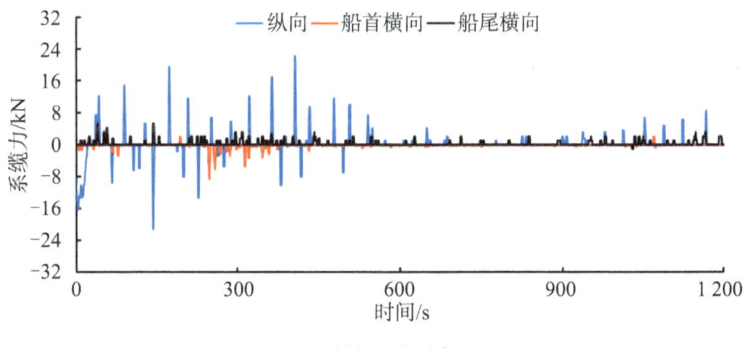

(a) 阀门双边开启

(b) 阀门单边开启

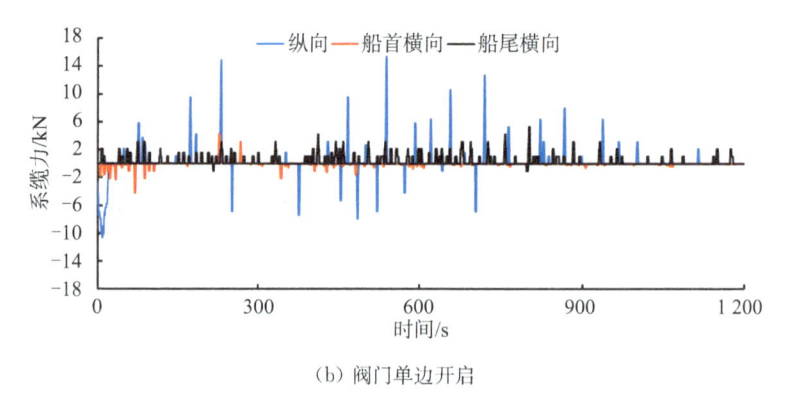

图 4-52　2×1 000 t 级船队停泊闸室下段灌水系缆力过程线

($H=10.24$ m, $t_v=3$ min)

(a) 阀门双边开启

(b) 阀门单边开启

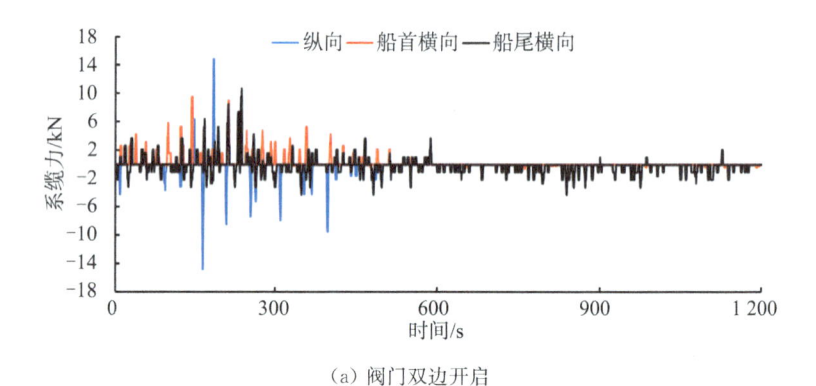

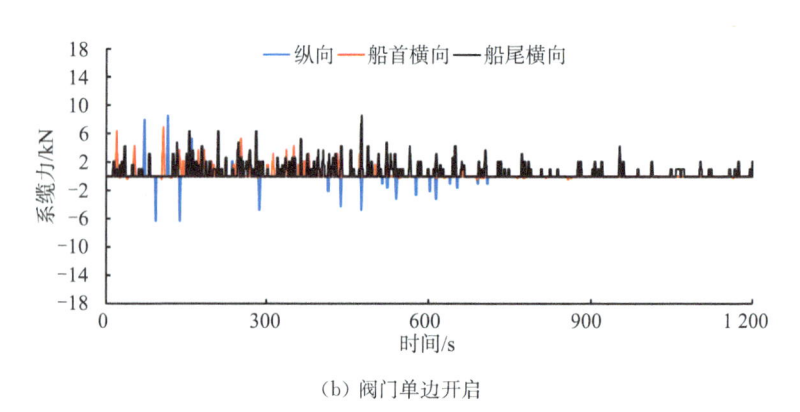

图 4-53　2×1 000 t 级船队停泊闸室下段泄水系缆力过程线

($H=10.24$ m, $t_v=3$ min)

延长输水阀门的开启时间，开展阀门双边及单边开启时间为 4 min、上下游水头差为 16 m 的灌水工况下的船舶系缆力监测，并绘制系缆力变化过程线，如图 4-54 所示。在此工况下，船舶纵向、船首横向及船尾横向系缆力均满足要求，阀门双边开启时，极值分别为 27.52 kN、9.53 kN 和 10.58 kN，即纵向系缆力未超过 32 kN，横向系缆力未超过 16 kN。

(a) 阀门双边开启

(b) 阀门单边开启

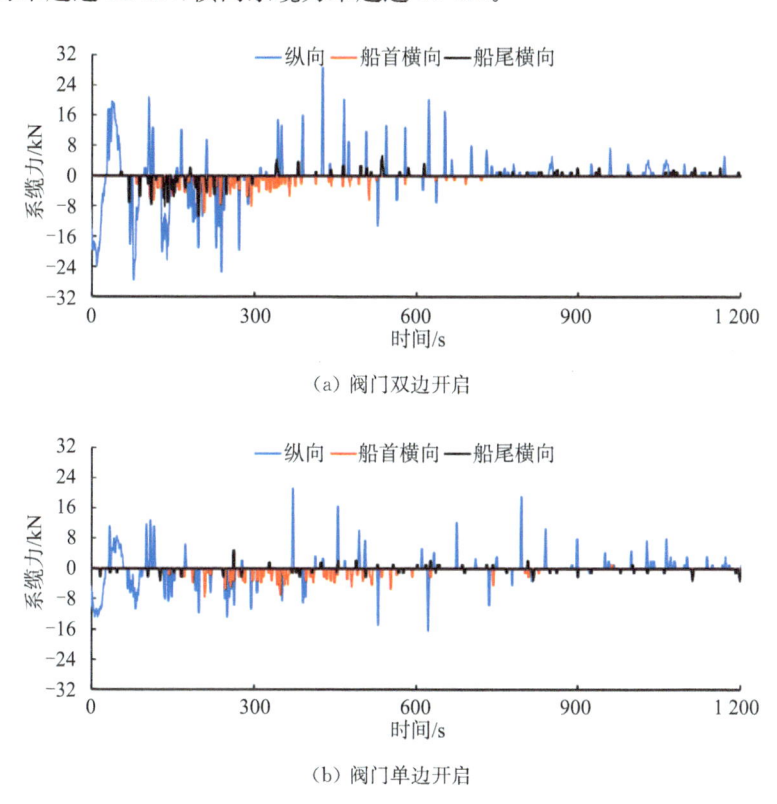

图 4-54 2×1 000 t 级船队停泊闸室下段灌水系缆力过程线
(H=16 m, t_v=4 min)

4.5 输水系统廊道压力特性

4.5.1 闸室上游廊道压力特性

试验中在灌水阀门前后廊道顶部共设置了 8 个压力传感器，进水廊道转弯段内外侧各设置 1 个压力传感器,用以测定灌水工作阀门开启过程中阀门前后廊道顶部以及转弯段的非恒定流压力。阀门双边匀速开启时间为 3 min、4 min、5 min 和 6 min 时,上、下游水头差为 16 m 的工况下非恒定流压力随时间变化结果见图 4-55 至图 4-58,上、下游水头差为 10.24 m 的工况下非恒定流压力随时间变化结果见图 4-59 至图 4-62。

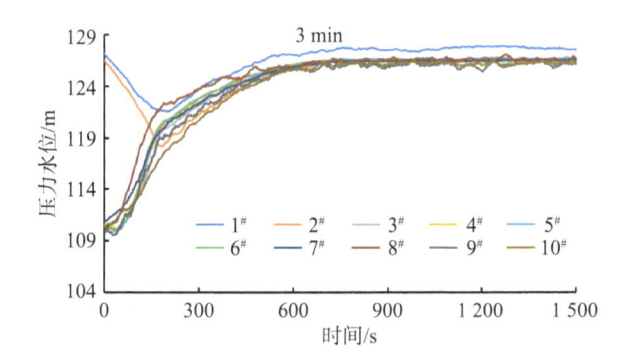

图 4-55 灌水阀门前后廊道顶部压力过程线
(H=16 m,阀门双边开启,t_v=3 min)

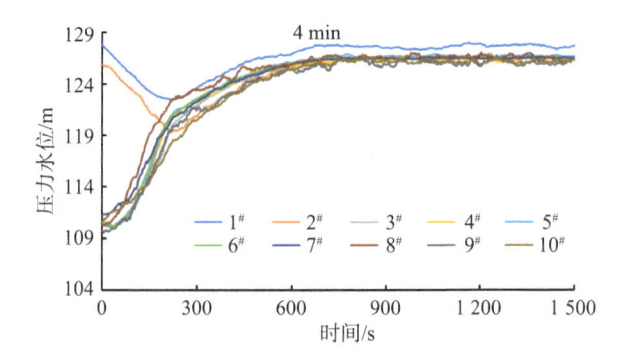

图 4-56 灌水阀门前后廊道顶部压力过程线
(H=16 m,阀门双边开启,t_v=4 min)

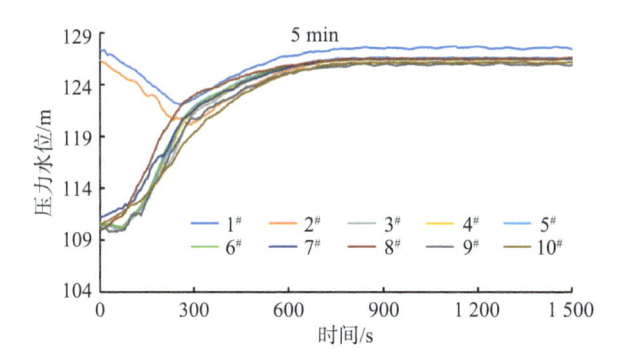

图 4-57 灌水阀门前后廊道顶部压力过程线
($H=16$ m,阀门双边开启,$t_v=5$ min)

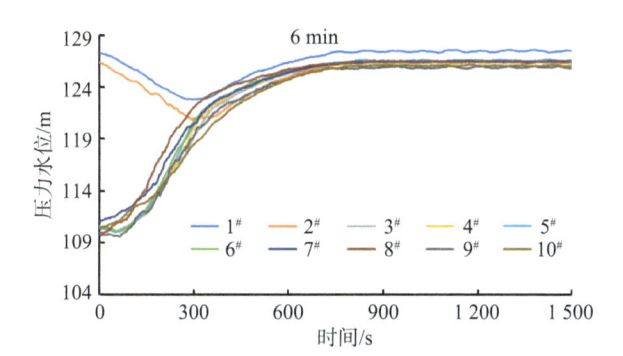

图 4-58 灌水阀门前后廊道顶部压力过程线
($H=16$ m,阀门双边开启,$t_v=6$ min)

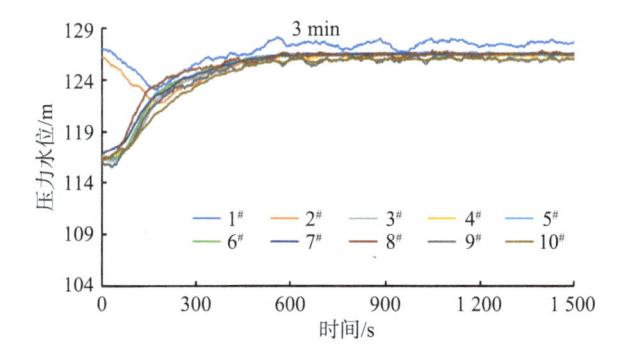

图 4-59 灌水阀门前后廊道顶部压力过程线
($H=10.24$ m,阀门双边开启,$t_v=3$ min)

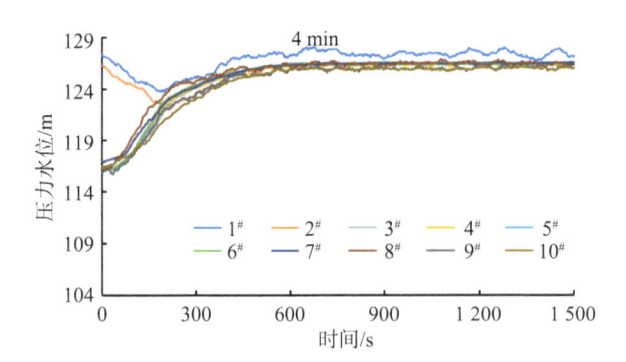

图 4-60　灌水阀门前后廊道顶部压力过程线
（$H=10.24$ m，阀门双边开启，$t_v=4$ min）

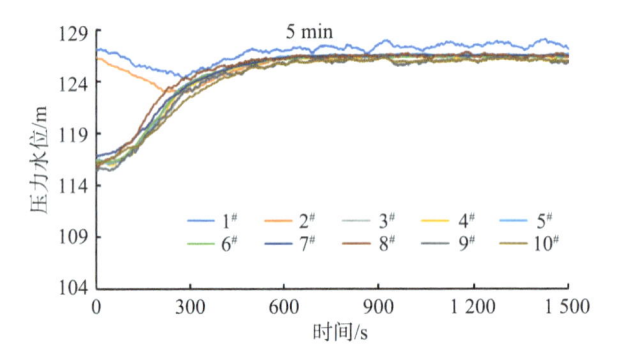

图 4-61　灌水阀门前后廊道顶部压力过程线
（$H=10.24$ m，阀门双边开启，$t_v=5$ min）

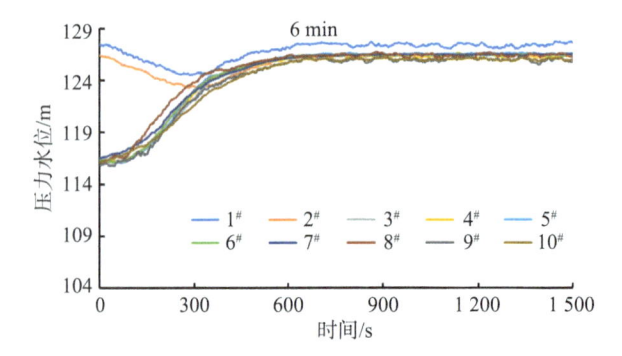

图 4-62　灌水阀门前后廊道顶部压力过程线
（$H=10.24$ m，阀门双边开启，$t_v=6$ min）

分析不同工况下廊道监测点压力过程线,最终提取不同工况下最小压力水位发生位置及数值,如表 4-13 所示。由表可知,闸室灌水情况下,在上、下游水头差为 16 m 和 10.24 m 的条件下,在不同的阀门开启时间,进水廊道无负压产生,满足要求。

表 4-13　闸室灌水过程中进水廊道最小压力水位(双边)

试验水头差(m)	阀门开启时间(min)	发生位置	廊道顶高程(m)	最小压力水位(m)
16	3	3#	104	109.96
	4	3#	104	110.06
	5	3#	104	110.09
	6	3#	104	110.07
10.24	3	3#	104	116.07
	4	3#	104	116.25
	5	3#	104	116.21
	6	3#	104	116.10

试验同时监测了阀门单边开启过程中,不同阀门开启时间时,输水廊道的水流情况。在 3 min 和 4 min 的阀门单边匀速开启过程中,检修阀门井有明显进气现象,如图 4-63 所示。因此,为避免廊道因掺气而发生空蚀,应避免快速单边开启进水廊道阀门。

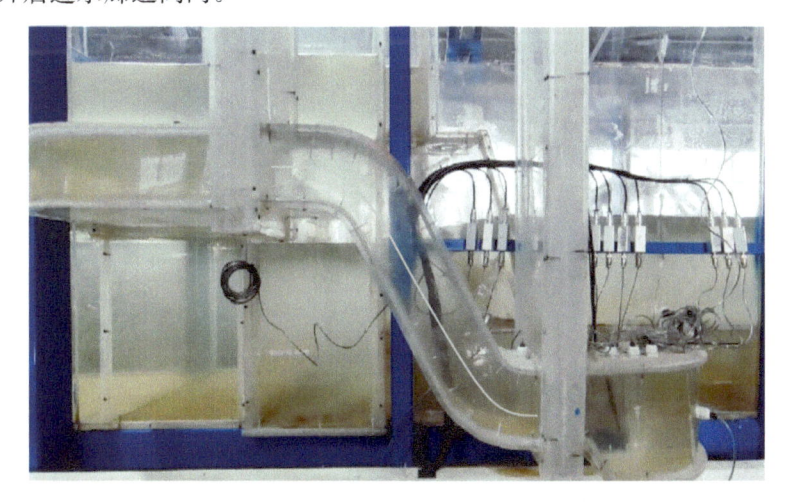

图 4-63　灌水过程检修阀门及廊道掺气现象
($H=16$ m,阀门单边开启,$t_v=3$ min)

4.5.2 闸室下游廊道压力特性

试验中在泄水阀门前后廊道顶部共设置了 8 个压力传感器，用以测定泄水工作阀门开启过程中阀门前后廊道顶部的非恒定流压力。阀门双边匀速开启时间为 3 min、4 min、5 min 和 6 min 时，上、下游水头差为 16 m 的工况下非恒定流压力随时间变化结果见图 4-64 至图 4-67，上、下游水头差为 10.24 m 的工况下非恒定流压力随时间变化结果见图 4-68 至图 4-71。

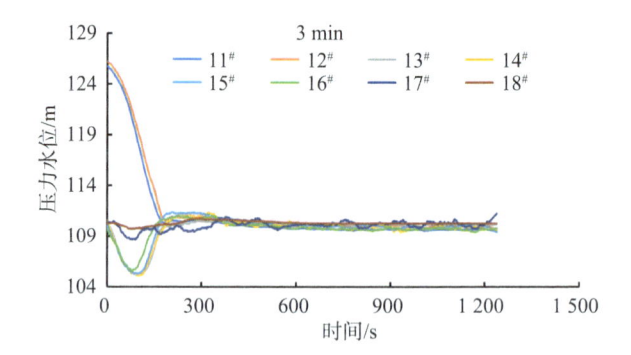

图 4-64 泄水阀门前后廊道顶部压力过程线
($H=16$ m,阀门双边开启,$t_v=3$ min)

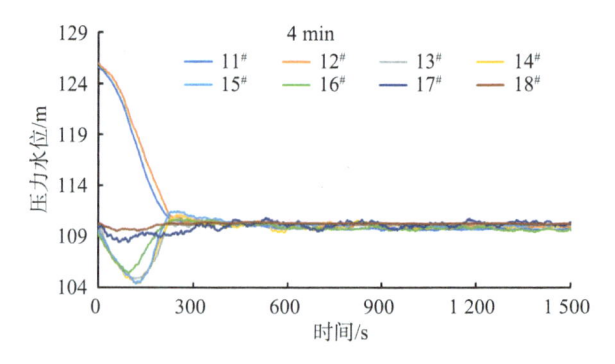

图 4-65 泄水阀门前后廊道顶部压力过程线
($H=16$ m,阀门双边开启,$t_v=4$ min)

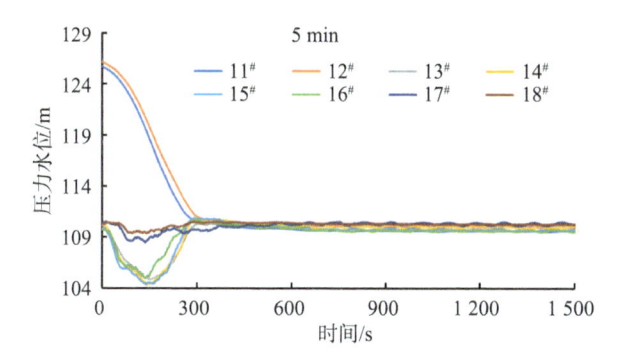

图4-66 泄水阀门前后廊道顶部压力过程线
（$H=16$ m，阀门双边开启，$t_v=5$ min）

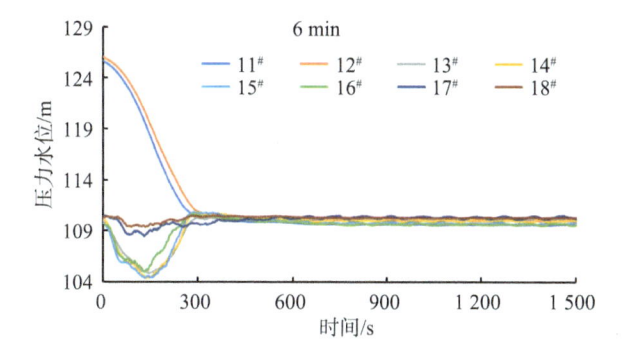

图4-67 泄水阀门前后廊道顶部压力过程线
（$H=16$ m，阀门双边开启，$t_v=6$ min）

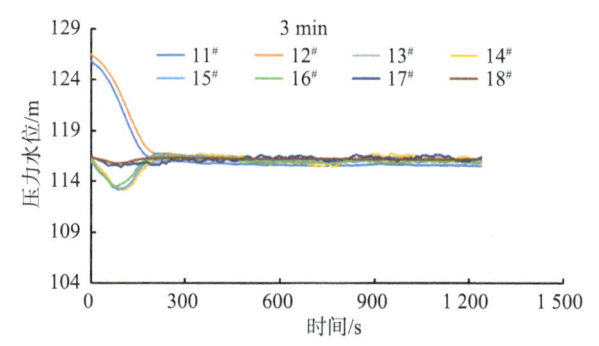

图4-68 泄水阀门前后廊道顶部压力过程线
（$H=10.24$ m，阀门双边开启，$t_v=3$ min）

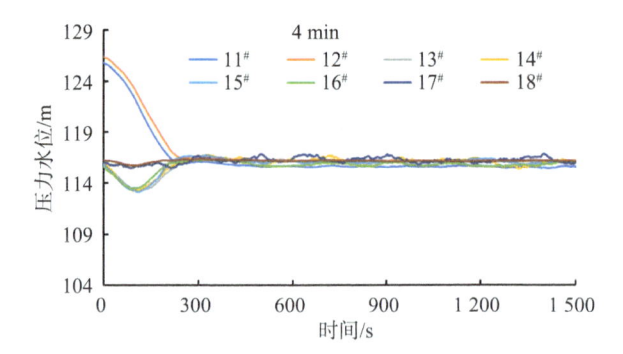

图 4-69 泄水阀门前后廊道顶部压力过程线
（$H = 10.24$ m，阀门双边开启，$t_v = 4$ min）

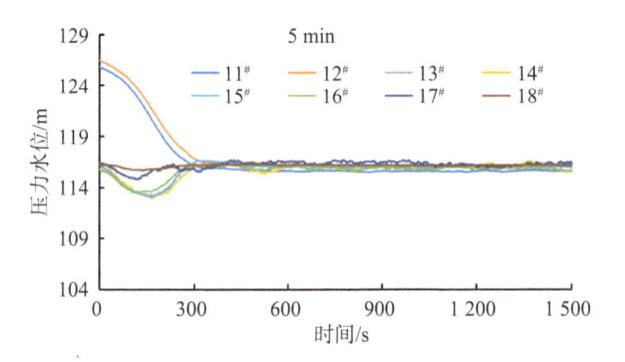

图 4-70 泄水阀门前后廊道顶部压力过程线
（$H = 10.24$ m，阀门双边开启，$t_v = 5$ min）

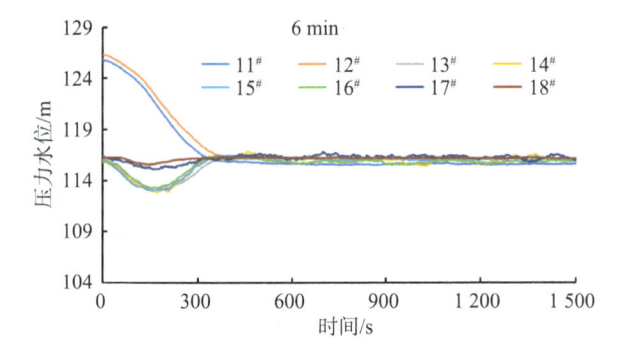

图 4-71 泄水阀门前后廊道顶部压力过程线
（$H = 10.24$ m，阀门双边开启，$t_v = 6$ min）

分析不同工况下各压力过程线,最终提取不同工况下最小压力水位发生位置及数值,如表 4-14 所示。由表可知,闸室泄水情况下,在上、下游水头差为 16 m 和 10.24 m 条件下,在不同的阀门开启时间,出水廊道顶部无负压产生,满足要求。

表 4-14 闸室泄水过程中出水廊道最小压力水位(双边)

试验水头差(m)	阀门开启时间(min)	发生位置	廊道顶高程(m)	最小压力水位(m)
16	3	13#	104	105.13
	4	14#	104	104.41
	5	14#	104	104.30
	6	14#	104	104.30
10.24	3	14#	104	113.10
	4	15#	104	113.10
	5	14#	104	112.96
	6	14#	104	112.85

4.6　输水系统进、出水口水流条件

4.6.1　进口水流条件

上闸首廊道进水口采用闸墙垂直 2 支孔布置,格栅进水口顶高程为 120.0 m,廊道进水口顶高程为 117.5 m,底高程 113.5 m,最大设计水头 16 m。灌水阀门双边开启,t_v＝3 min、4 min、5 min 和 6 min 时,最大流量所对应的格栅进水口断面平均流速如表 4-15 所示。上游为正常蓄水位 126 m 时,廊道进水口顶淹没水深为 8.5 m;考虑进水口水面局部降落,采用最低通航水位 125 m,此时廊道进水口顶淹没水深为 7.5 m。

根据要求,分散输水系统的进口顶的淹没水深宜大于 0.4 倍的设计水头(对应最大设计水头 16 m,0.4×16＝6.4 m),且进口的最大断面平均流速不宜大于 2.5 m/s。在最大设计水头 16 m 的工况下,进口顶淹没水深为 7.5 m,最大断面平均流速为 1.56 m/s,因此进水口设计满足要求。

表 4-15 灌水过程中进口水流特征参数表

试验水头差(m)	阀门开启时间(min)	进口最大断面平均流速(m/s)	阀门廊道断面最大流速(m/s)
16	3	1.56	7.29
	4	1.47	6.88
	5	1.39	6.51
	6	1.31	6.15
10.24	3	1.12	5.27
	4	1.08	5.07
	5	1.03	4.84
	6	0.95	4.46

进口格栅设计方案如图 4-72(a)所示,在水头差为 16 m 的条件下,灌水阀门双边匀速开启 3 min 灌水过程中,进水口局部水面平稳,但有串气漩涡产生,如图 4-73(a)所示。

为避免串气漩涡对输水系统的破坏,将顶部格栅优化为不均匀布置型式,进口总面积保持不变,为 150 m²,单格栅进口尺寸从两端向中间逐渐扩大,如图 4-72(b)所示。在水头差为 16 m 的条件下,灌水阀门双边匀速开启 3 min 的灌水过程中,可以改善串气漩涡对输水系统的危害,但仍有少许掺气产生,如图 4-73(b)所示。

借助物理模型,提高进口格栅顶部的通航水深。在正常蓄水位 126 m 条件下,水深为 6 m。当水深提高到 8 m 时,上游格栅顶部掺气情况可以有良好改善,如图 4-73(c)所示。

(a) 进口格栅设计方案

(b) 进口格栅优化方案

图 4-72　船闸输水系统进口格栅设计与优化方案

(a) 进口格栅设计方案　　(b) 进口格栅优化方案　　(c) 提高水深方案

图 4-73　船闸灌水过程中进口格栅设计与优化方案水流形态
(水头差 16 m，双边匀速开启 3 min)

4.6.2　出口水流条件

下闸首廊道出水口采用两侧闸墙垂直布置，出水口底高程与泄水阀门段廊道底高程相同，宽度增加到 8.5 m，与下闸首消能室相连，消能室中间设有 0.75 m 宽隔墩，并由消能室顶部出水孔出流，消能室顶部高程为 105 m，淹没水深为 5 m，满足出口顶的淹没水深宜大于 1.5 m 的要求。上述布置取得了较好的效果，试验表明，泄水时出口格栅水流水平扩散完好，无回旋现象，水面平稳，出水口水流流态见图 4-74。

(a) 出口格栅水流流态

(b) 出口格栅下游水流流态

图 4-74　闸室下游出水口水流流态

4.7 小结

本章采用几何比尺为 30 的船闸输水系统正态物理模型,进行输水水力特性、船舶停泊条件、输水廊道压力特性及进出水口水流条件试验,结论及建议如下。

结论:

(1) 在最大设计水头 16 m 的条件下,当充、泄水阀门以 4 min 双边匀速开启时,闸室输水时间、船舶停泊条件、输水廊道压力特性及出口水流条件可基本满足设计要求,出水口水流在引航道内扩散基本均匀,水流条件良好,但进口有危害性串气产生。

(2) 根据百龙滩电站下游多年平均流量,开展水头差 10.24 m 条件下的输水系统水力学试验。当充、泄水阀门以 4 min 双边匀速开启时,闸室输水时间、船舶停泊条件、输水廊道压力特性及进出口水流条件均可满足设计要求。

(3) 充、泄水阀门双边开启过程中,输水系统各部分,包括阀门后均未出现负压,检修门井内也无进气现象,满足要求。

(4) 船闸正常运行时,闸室水流平稳。当充、泄水阀门以 4 min 双边匀速开启时,船舶系缆力满足规定的允许系缆力要求。

(5) 船闸上闸首进水口采用闸墙垂直多支孔布置,进水口流速、淹没水深均满足要求。

建议:

(1) 由于进口有危害性串气产生,对上游格栅采用不均匀布置型式,进一步将格栅顶部以上水位提高到 8 m。优化后试验未见明显有害串气漩涡,降低了串气的危害,且此优化方案对输水效率影响较小。

(2) 为保证船闸输水效率及输水安全,建议阀门双边匀速开启时间为 4 min。

第 5 章

船闸上下游引航道数值模拟研究

5.1 基本概况

经初设方案比选,船闸的中心线由原船闸中心线 0+276.0 m 向右岸偏移 15.5 m,偏移至 0+260.5 m,船闸中心线和坝轴线正交。船闸主体段布置在栏杆坝轴线以下,船闸主体段和上游引航道之间设置 25.25 m 长通航明渠,船闸有效尺度为 230 m×23 m×4.8 m(长×宽×门槛水深)。船闸主体段长 315 m,由上闸首、闸室和下闸首组成,其中上闸首长 45 m,闸室长 230 m,下闸首长 40 m。上闸首门槛高程 120.0 m,闸室底板高程 105.0 m,下闸首门槛高程 105.0 m。

(1) 上游引航道

上游引航道位于水库内,主导航墙与左边墩相接,直线布置在航道左侧,将引航道与厂房进水渠隔开,以使通航期引航道内为静水区,保证船队(舶)进出闸的安全。

上游引航道总长 815.653 m,其中直线段长度为 160 m,转弯段角度 58.23°,转弯半径为 640 m,转弯段弧长 650.403 m;上闸首上游左侧设置辅助导航墙,长度 60 m;为了不扰动右岸接头坝和充分利用原冲沙闸上游翼墙(翼墙顶高程为 127.0 m),保留原冲沙闸上游翼墙结构,长度约 45.5 m。

在原上游翼墙上游新建直立挡墙作为主导航墙,挡墙为联排桩的结构型式,导航墙长度约 119.4 m,导航墙轴线与船闸中心线夹角 14.04°,采用斜线型布置,斜率 1:4,导航墙末端引航道宽度 63 m。拆除上游引航道原靠船墩,在右侧新建靠船墩 12 个,间距 20 m,停靠段长度 230 m。

(2) 下游引航道

下游引航道连接下闸首与下游主河道,并保证上、下行船队(舶)安全且顺畅进出闸。其布置型式为:左侧沿下闸首左边墩延线直线布置主导航墙;开挖右岸边坡,拓宽至设计要求,形成引航道,下游靠船墩沿引航道停泊段右侧岸边布置;出口段布置为弧形,以减小与原河道的夹角,使两者顺畅连接。从下闸首至下游引航道出口,依次为导航段、调顺段、停泊段、出口过渡段和引航道口门区。

下游引航道总长 838.167 m,其中直线段长度为 160 m;转弯段角度 54.69°,转弯半径为 480 m,转弯段弧长 458.167 m;下闸首下游左侧设置辅助导航墙,长度 60 m;右侧设置主导航墙,长度 111.3 m,导航墙末端引航道宽度 50 m。拆除下游引航道原靠船墩,在右侧新建靠船墩 12 个,间距 20 m,停泊段长度 230 m,导航墙轴线与船闸中心线夹角 14.04°,斜率 1∶4;设置弹性停泊段,船舶停靠时,单船布置在前排,船队布置在后排,从而保证导航调顺段不小于相应的船长。

5.2 引航道三维数学模型构建

5.2.1 基础理论

(1) 控制方程组

流体流动的控制方程组可精确地描述流体的各物理量对空间的分布和随时间的演化。对不可压缩流体,描述其紊流运动的控制方程组由质量守恒方程(连续方程)和动量守恒方程(Navier-Stokes 方程)组成,在笛卡尔坐标系中,其表达式为：

$$\frac{\partial u_i}{\partial x_i} = 0 \tag{5-1}$$

$$\frac{\partial u_i}{\partial t} + u_j \frac{\partial u_i}{\partial x_j} = -\frac{1}{\rho}\frac{\partial p}{\partial x_i} + \nu \frac{\partial^2 u_i}{\partial x_j \partial x_j} + f_i \tag{5-2}$$

式中：x_i、x_j 为坐标分量,i、$j=1,2,3$；u_i、u_j 为 x_i、x_j 方向的瞬时速度分量 (m/s)；t 为时间(s)；ρ 为密度；p 为瞬时静水压强(Pa)；ν 为水的运动黏滞系数 (m^2/s)；f_i 为 i 方向的单位质量力(m/s^2)。

式(5-1)和式(5-2)构成描述黏性不可压缩流的微分方程组,方程组的未知数与方程个数相等,构成封闭方程组,但由于 Navier-Stokes 方程的非线性特征,其对绝大多数工程流体流动问题都无法得到解析解。而且紊流瞬时运动具有随机性,紊流运动所包含的单元比流动区域尺度要小很多,其典型数量级是

流动区域尺度的 10^{-3} 倍。若用数值计算方法求解紊动单元的运动要素，则计算网格必须比紊动单元的尺度更小，这样对计算机的存储能力及运算速度都有很高的要求。

实际工程中，大家往往更关心的是紊流的时均特性。将压力和速度分为时均量和脉动量两个部分：

$$u_i = \overline{u_i} + u_i' \tag{5-3}$$

$$p_i = \overline{p_i} + p_i' \tag{5-4}$$

将分解后的量带入 Navier-Stokes 方程并进行时间平均，可推导出著名的能描述紊流时均性质的雷诺（Reynolds）方程：

$$\frac{\partial u_i}{\partial t} + u_j \frac{\partial u_i}{\partial x_j} = -\frac{1}{\rho} \frac{\partial p}{\partial x_i} + \frac{\partial}{\partial x_j}\left(\nu \frac{\partial u_i}{\partial x_j} - \overline{u_i' u_j'}\right) + f_i \tag{5-5}$$

由于雷诺方程增加了紊流脉动二阶项 $\overline{u_i' u_j'}$（雷诺应力），从而使得方程组不封闭。要使方程组封闭，比较切实可行的方法是引入紊流模型，用较低阶的相关或时均流的变量近似地表示一定阶数的相关。从使方程封闭所增加的偏微分方程数目来看，有零方程（Prandtl 混合长模型）、单方程（k 方程模型）、双方程（$k\text{-}\varepsilon$ 方程模型）和多方程紊流模型（Reynolds 应力模型）。目前，应用较广的是 $k\text{-}\varepsilon$ 方程模型、Reynolds 应力方程模型（RSM）和 Reynolds 应力代数模型（ASM）。其中，RSM 最精细，预测效果最好，但需要求解的微分方程组较多，计算量大；ASM 计算工作量比 RSM 要小很多，计算精度介于 RSM 和 $k\text{-}\varepsilon$ 之间；$k\text{-}\varepsilon$ 模型虽不如 ASM 精确，但进一步简化了计算量，其计算精度可满足大多数工程需要。

RNG 紊流模型是改善的 $k\text{-}\varepsilon$ 模型，通过在大尺度运动和修正后的黏度项体现小尺度的影响，从而使小尺度运动有系统地从控制方程中除去，所得到的紊流动能 k 方程和耗散率 ε 方程如下：

$$\frac{\partial(\rho k)}{\partial t} + \frac{\partial(\rho k u_i)}{\partial x_i} = \frac{\partial}{\partial x_j}\left(\alpha_k \mu_{eff} \frac{\partial k}{\partial x_j} - \overline{u_i' u_j'}\right) + G_k - \rho\varepsilon \tag{5-6}$$

$$\frac{\partial(\rho\varepsilon)}{\partial t} + \frac{\partial(\rho u_i \varepsilon)}{\partial x_i} = \frac{\partial}{\partial x_j}\left(\alpha_\varepsilon \mu_{eff} \frac{\partial \varepsilon}{\partial x_j}\right) + \frac{C_{1\varepsilon}^* \varepsilon}{k} G_k - C_{2\varepsilon}\rho \frac{\varepsilon^2}{k} \tag{5-7}$$

式中：$\alpha_k = \alpha_\varepsilon = 1.39$；$\mu_{eff} = \mu + \mu_t$，$\mu$ 为动力黏滞系数，μ_t 为紊动黏度系数 (Pa·s)；G_k 为平均速度梯度引起的紊动能 k 的产生项，$G_k = \mu_t \left(\frac{\partial u_i}{\partial x_j} + \frac{\partial u_j}{\partial x_i} \right) \frac{\partial u_i}{\partial x_j}$；$C_{1\varepsilon}$、$C_{2\varepsilon}$ 为 ε 的常数，$C_{1\varepsilon} = 1.42$，$C_{2\varepsilon} = 1.68$；$C_{1\varepsilon}^* = C_{1\varepsilon} - \frac{\eta(1 - \eta/\eta_0)}{1 + \beta\eta^3}$，$\eta = (2E_{ij} \cdot E_{ij})^{1/2} \frac{k}{\varepsilon}$，$E_{ij} = \frac{1}{2}\left(\frac{\partial u_i}{\partial x_j} + \frac{\partial u_j}{\partial x_i} \right)$，$\eta_0 = 4.377$，$\beta = 0.012$。

与标准 k-ε 模型相比，RNG k-ε 模型主要有两个变化：①通过修正紊动黏度，考虑了平均流动中的旋转及旋转流动的情况；②在 ε 方程系数 $C_{1\varepsilon}^*$ 的计算中引入了主流的时均应变率 E_{ij}，这样模型中的产生项不仅与流动情况相关，而且在同一问题中还是空间坐标的函数。因此，RNG k-ε 模型可以更好地处理高应变率及流线弯曲程度较大的流动，通用性更强，目前已在水利工程领域得到了广泛应用。本研究采用的就是此模型。

(2) 自由水面模拟

模型水面使用 VOF 方法处理，该方法是目前水利工程研究中广泛使用的一种自由水面处理技术，于 1981 年由 Hirt 和 Nichols 提出。VOF 模型是建立在固定欧拉网格下的表面跟踪方法，适用于两种或两种以上互不穿透流体间交界面的跟踪计算。在 VOF 模型中，不同的流体组分共用一套动量方程，通过引进相体积分数这一变量，实现对每一个计算单元相界面的追踪。在每个单元中，所有相体积分数总和为 1。

对于水气两相流，设 a_w 表示水的体积分数，则气体的体积分数为 $1 - a_w$，通过求解 a_w 的输移扩散方程可确定自由水面的位置。$a_w = 1$，表示该单元内充满水；$a_w = 0$，表示该单元内充满气；$0 < a_w < 1$，表示该单元内存在水气界面。只要流场中各处水和气的体积分数都已知，其他水和气共有的变量如流速、流场、压力都可用体积分数的加权平均值来表示。水气界面的追踪可通过下面方程实现：

$$\frac{\partial a_w}{\partial t} + u_i \frac{\partial a_w}{\partial x_i} = 0 \tag{5-8}$$

引入 VOF 方法的 k-ε 模型与单相流的 k-ε 模型形式完全相同，只需将式 (5-6) 和式 (5-7) 中的密度 ρ 和动力黏滞系数 μ 用水和气体体积分数的加权平均值代替即可，即：

$$\rho = a_w \rho_w + (1 - a_w) \rho_a \tag{5-9}$$

$$\mu = a_w \mu_w + (1-a_w)\mu_a \tag{5-10}$$

（3）数值离散方法

根据因变量在节点之间的分布假设及推导离散方程的方法不同,控制方程的离散方法可分为有限差分法、有限体积法、有限元法以及边界单元法等类型。本研究的模型使用有限差分法对控制方程组进行离散。有限差分法是最早采用的一种流体力学数值计算方法。该方法的基本思路是:划分求解域为一系列平行于坐标轴的网格交点的集合,并用有限个网格交点替代连续的求解域,建立代数方程组。有限差分法历史悠久,且理论成熟,应用很广泛。

5.2.2 模型范围

按照优化方案,首先构建百龙滩船闸输水系统的三维数学模型,计算区域包括部分上、下游引航道及闸室在内的总长度共计 463.00 m,模型总体宽度为 54.50 m,闸室有效尺度为 230.00 m×23.00 m×4.80 m,闸室左右两侧廊道采用对称布置的方式。由于计算范围较大且船闸输水系统结构复杂,整体网格在满足计算基本要求的情况下进行划分,重点对阀门廊道段、栅格消能室、闸底廊道侧支孔及其他关键区域进行网格加密处理,船闸输水系统数学模型如图 5-1 所示。

根据研究目的和要求,在现有地形资料的基础上,本研究充分考虑到船闸灌泄水产生的水面波动的传播,并减少了模型边界反射对波动的影响,进而建立了船闸灌水过程的上游引航道非恒定流三维数学模型和泄水过程的下游引航道非恒定流三维数学模型。

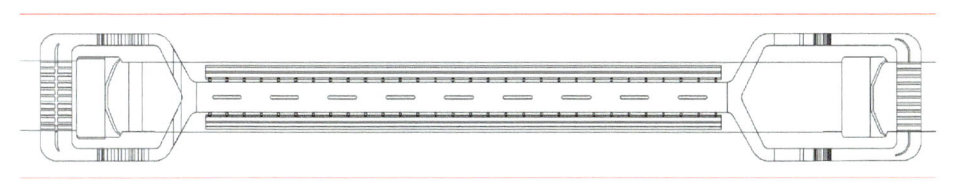

(a) 模型平面图

(b) 模型立面图

(c) 三维实体图

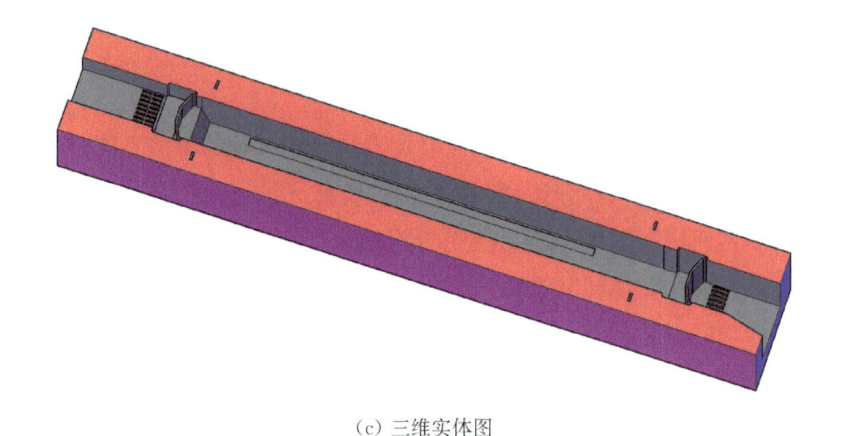

图 5-1　百龙滩船闸输水系统三维数学模型示意图

其中,关于灌水过程的上游引航道数学模型,模型入口边界取电站上游 2.00 km 处,出口边界取溢流坝上游、电站上游及船闸输水系统上游廊道泄水闸前廊道断面。上游引航道数学模型计算范围如图 5-2 所示,计算模型出口边界如图 5-3 所示。

图 5-2　上游引航道数学模型计算范围

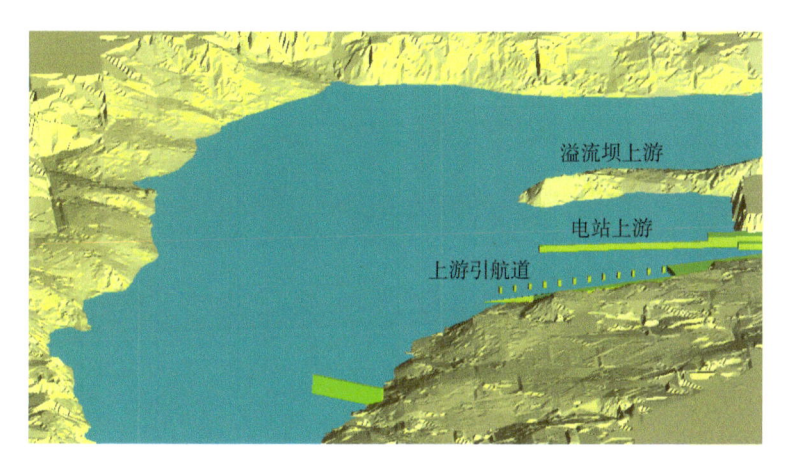

图 5-3　上游引航道数学模型出口边界布置型式

关于泄水过程的下游引航道数学模型,模型入口边界为溢流坝下游、电站下游及船闸输水系统泄水闸门后廊道断面;出口边界取距闸室出口约 3.00 km 处。下游引航道模型计算范围如图 5-4 所示,计算模型入口边界如图 5-5 所示。

图 5-4　下游引航道教学模型计算范围

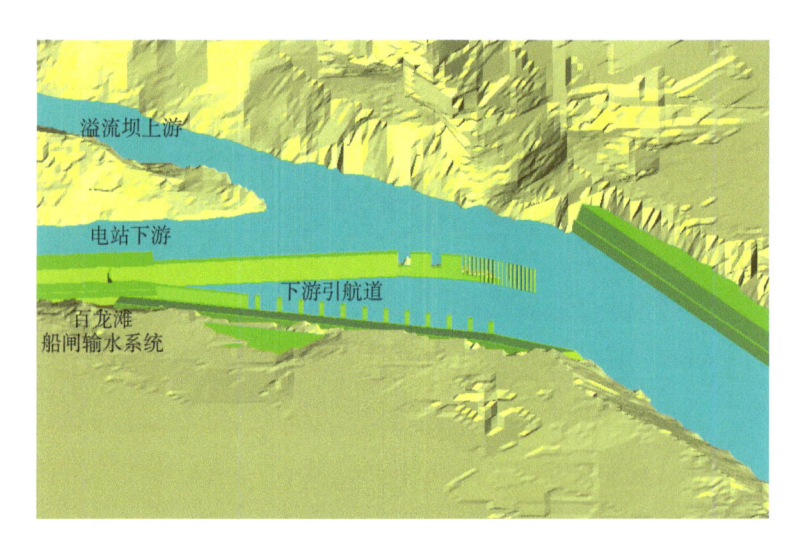

图 5-5　下游引航道数学模型入口边界布置型式

5.2.3　计算工况

在百龙滩船闸输水系统水力学计算中，推荐灌、泄水阀门双边匀速开启时间 4 min 为阀门的最快开启时间，且上游采用正常蓄水位 126.00 m，下游采用最低通航水位 110.00 m，将最大设计水头为 16.00 m 的工况作为船闸输水系统的最不利工况。

同时，本研究根据百龙滩枢纽船闸整体物理试验模型，得出了船闸整体的优化布置方案。本研究基于整体物理模型的优化布置方式，开展上、下游引航道的数学模型构建并计算分析。

(1) 上游引航道计算模型

在开展上游引航道数值计算时，船闸灌水采用双边阀门匀速开启时间 4 min，电站上游为正常蓄水位 126.00 m，电站泄流为恒定流 385 m³/s，溢流坝不泄流。具体计算工况条件见表 5-1。

表 5-1　上游引航道水力学计算边界条件工况

	上游水位	126.00 m
闸室灌水过程	闸室初始水位	110.00 m
	灌水阀门开启方式	双边匀速 4 min

续表

上游边界	电站上游 2 km 处水位	126.00 m
下游边界	闸室灌水廊道流量	灌水廊道计算流量过程,见图 5-6
	电站上游流量	385 m³/s
	溢流坝上游流量	0

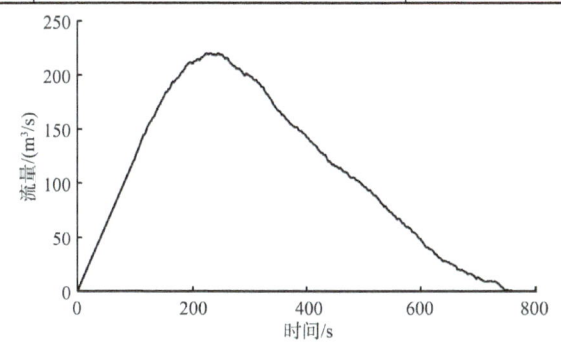

图 5-6 计算模型灌水廊道流量过程线

在计算模型中不同坐标位置设置监测点,监测点取在航道中心线位置,分别位于导航调顺段(1#~3#)、停泊段(3#~7#)、制动段(7#~10#)、连接段(10#~16#)及主航道(16#~20#),同时在每个靠船墩附近设置监测点,对水位、水深及流速进行监测。计算模型监测点位置示意图如图 5-7 所示。

(2) 下游引航道计算模型

在开展下游引航道数值计算时,船闸泄水采用双边阀门匀速开启时间 4 min,下游采用最低通航水位 110.00 m,闸室水位 126.00 m,电站下游泄流为恒定流 385 m³/s,溢流坝不泄流。具体计算工况条件见表 5-2。

表 5-2 下游引航道水力学计算边界条件工况

闸室泄水过程	闸室水位	126.00 m
	下游水位	110.00 m
	泄水闸门开启方式	双边匀速 4 min
上游边界	闸室泄水廊道流量	泄水廊道计算流量过程,见图 5-8
	电站下游流量	385 m³/s
	溢流坝下游流量	0
	澄江支流流量	0
下游边界	电站下游 3 km 处水位	110.00 m

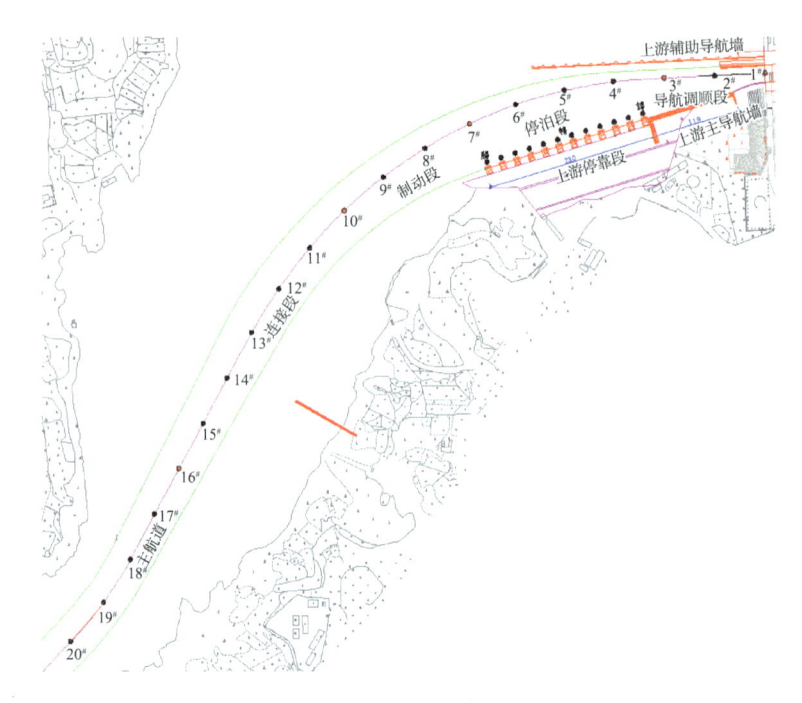

图 5-7　上游引航道计算模型监测点布置图

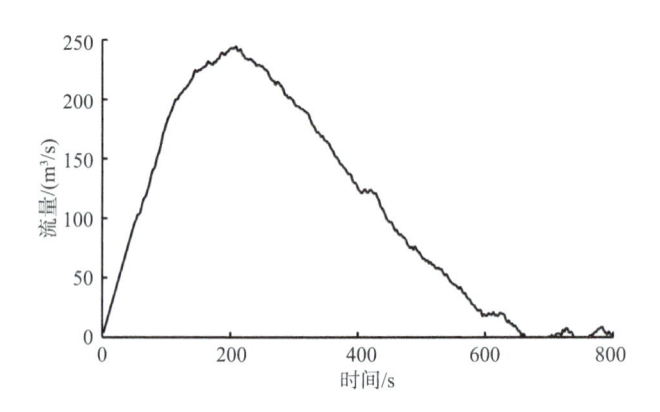

图 5-8　计算模型泄水廊道流量过程线

在计算模型中不同坐标位置设置监测点，监测点取在航道中心线位置，分别位于导航调顺段(1#~3#)、停泊段(3#~6#)、制动段(6#~7#)、连接段(7#~13#)以及主航道(13#~20#)，并在每个靠船墩附近区域单独设置监测点，对水位、水深及流速进行监测。计算模型监测点位置示意图如图 5-9 所示。

图 5-9　下游引航道计算模型监测点布置图

5.3　上游引航道研究成果及分析

5.3.1　纵向流速变化分析

首先分析上游引航道计算模型不同区域纵向流速变化过程,并绘制变化过程曲线,如图 5-10 所示。

由图 5-10(a)可知,导航调顺段水流纵向流速在输水初期迅速加快,在输水流量达到峰值后,流速随之减缓;进而在船闸输水结束后,水流呈振荡状态。输水期最大纵向流速可达 2.17 m/s,发生在灌水格栅附近;之后的 2# 监测点在输水期最大纵向流速为 0.88 m/s。在输水期过后,受水流振荡持续影响,纵向流速呈小幅波动状态且进一步减小,但未超过 0.50 m/s。

由图 5-10(b)可知,停泊段水流纵向流速在输水初期迅速加快,随输水流量达到峰值后逐步减缓;在输水结束后,纵向流速呈波动状态。输水期最大纵向流速可达 0.56 m/s,略高于 0.50 m/s。在输水期过后,受水流振荡持续影响,流速呈现出波动状态,且进一步减小,未超过 0.50 m/s。

由图 5-10(c)和图 5-10(d)可知,制动段和连接段水流纵向流速在输水期均呈现先加快后减缓的变化规律；输水结束后，流速随水流波动而呈现波动状态，未超过 0.50 m/s。

由图 5-10(e)可知，主航道水流纵向流速在船闸灌水过程中呈现先加快后减缓的变化规律；输水结束后，流速随水流波动而呈现稳定的波动状态。

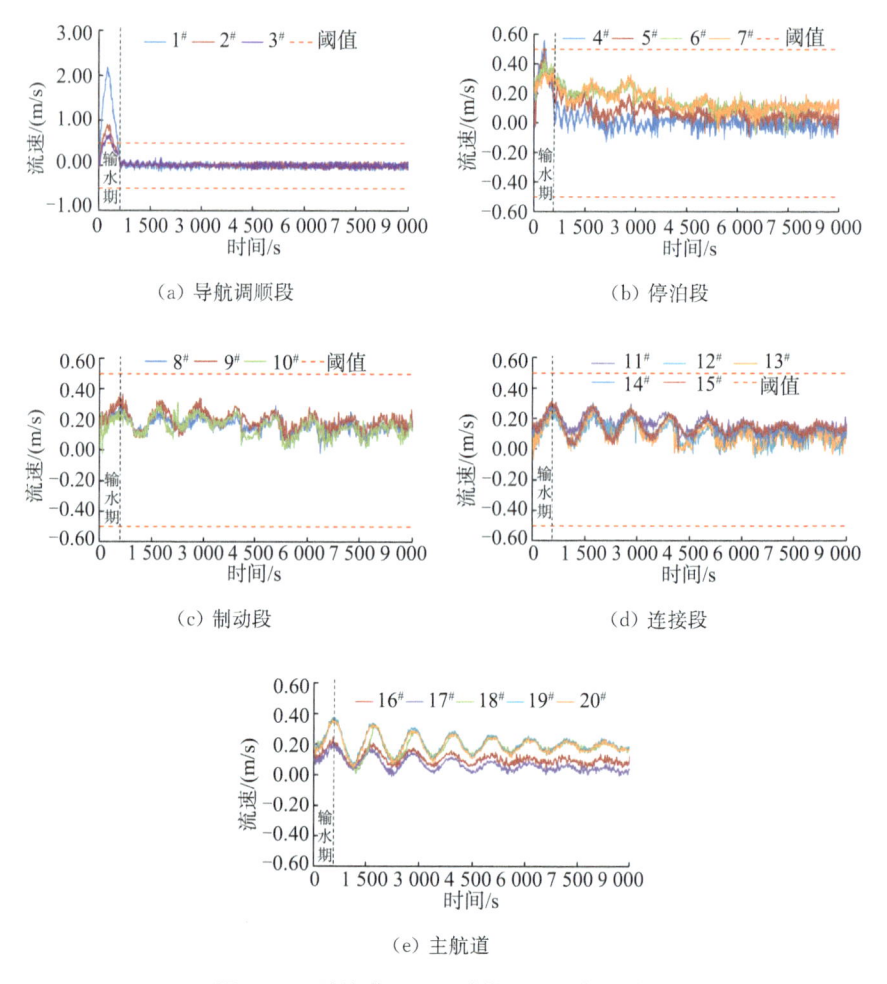

(a) 导航调顺段

(b) 停泊段

(c) 制动段

(d) 连接段

(e) 主航道

图 5-10 引航道不同区域纵向流速变化过程

随后分析不同位置靠船墩附近的水流纵向速度变化，并绘制曲线，如图 5-11 所示。输水期靠船墩附近水流纵向流速呈先加快后减缓的变化规律，水流最大纵向流速为 0.55 m/s，略高于要求的 0.50 m/s。输水期过后，水流纵向流速呈波动状态，未超过 0.50 m/s。

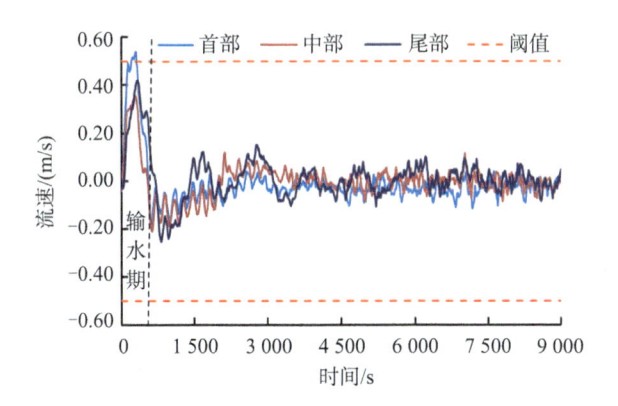

图 5-11 上游引航道不同位置靠船墩处纵向流速变化过程

最后分析船闸灌水过程中上游引航道及连接段航道的流场,并绘制船闸灌水过程中流量最大时刻的引航道流速云图,如图 5-12 所示;绘制引航道和连接段整体流场图,如图 5-13 所示。分析图 5-12 和图 5-13 可知,上游引航道流速分布均匀,引航道内流速自上游至闸室逐渐加快,流态整体良好。

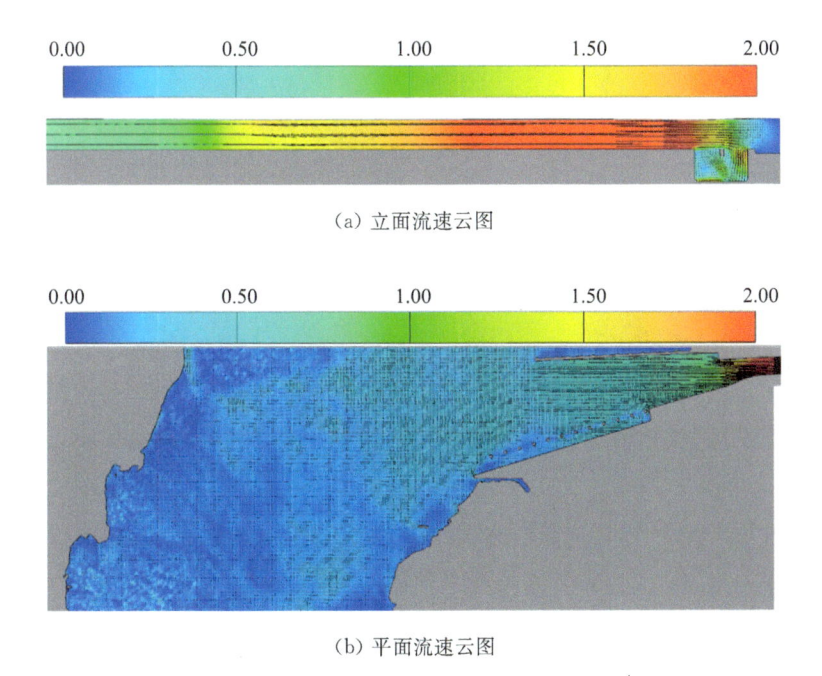

(a) 立面流速云图

(b) 平面流速云图

图 5-12 灌水过程中上游引航道流速云图(灌水流量最大时刻,单位:m/s)

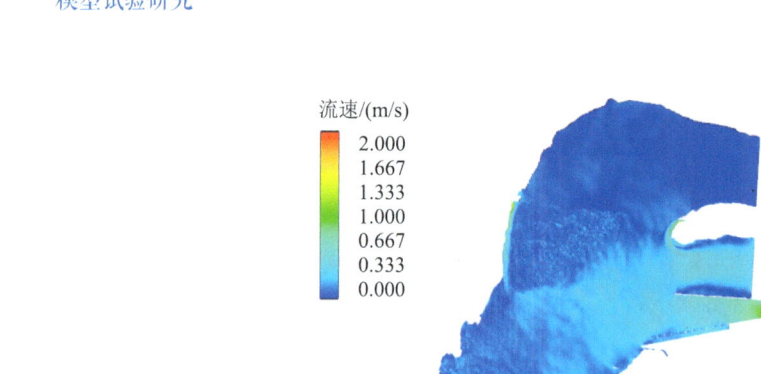

图 5-13　灌水过程中上游整体流场图

5.3.2　横向流速变化分析

首先分析上游引航道计算模型不同区域横向流速变化过程,并绘制变化过程曲线,如图 5-14 所示。

由图 5-14(a)可知,导航调顺段水流横向流速在输水过程中呈现小幅波动状态,整体波动满足 0.15 m/s 以内的要求。

由图 5-14(b)可知,停泊段输水期内水流最大横向流速为 0.14 m/s。输水结束后,不同监测位置的横向流速波动规律一致,在波动过程中基本满足 0.15 m/s 以内的要求。

由图 5-14(c)可知,制动段水流横向流速呈现波动状态,波动过程中最大横向流速为 0.19 m/s,横向流速基本满足 0.15 m/s 以内的要求。

由图 5-14(d)和图 5-14(e)可知,连接段水流横向流速呈现波动状态,在输水期及输水过后均满足 0.3 m/s 以内的要求;输水结束后,主航道水流横向流速波动趋于变缓,满足要求。

(a) 导航调顺段

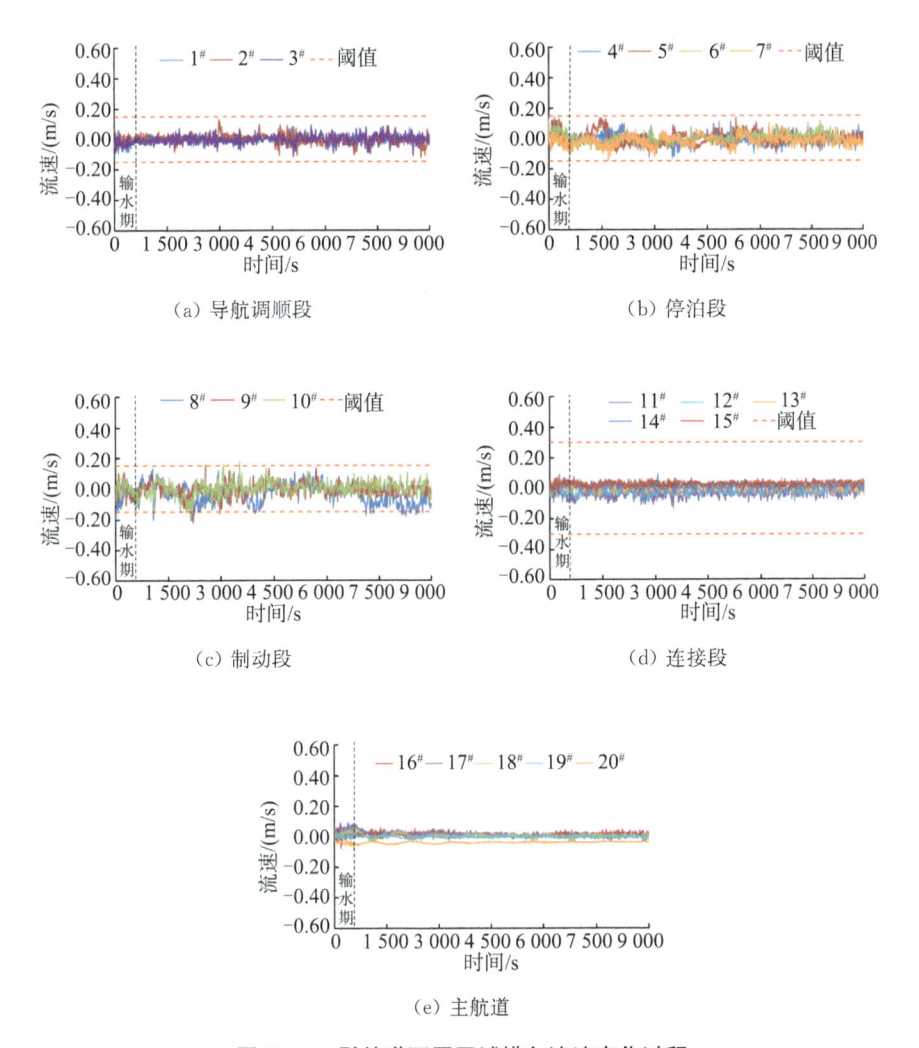

(b) 停泊段

(c) 制动段

(d) 连接段

(e) 主航道

图 5-14 引航道不同区域横向流速变化过程

随后分析不同位置靠船墩附近的水流横向速度变化，并绘制曲线，如图 5-15 所示。输水期靠船墩附近水流横向流速呈先加快后减缓的变化规律，横向流速偏向引航道右岸，首部靠船墩附近水流最大横向流速为 0.15 m/s。输水期过后，水流横向流速受水位振荡影响，继续呈波动状态，波动过程中未超过 0.15 m/s。

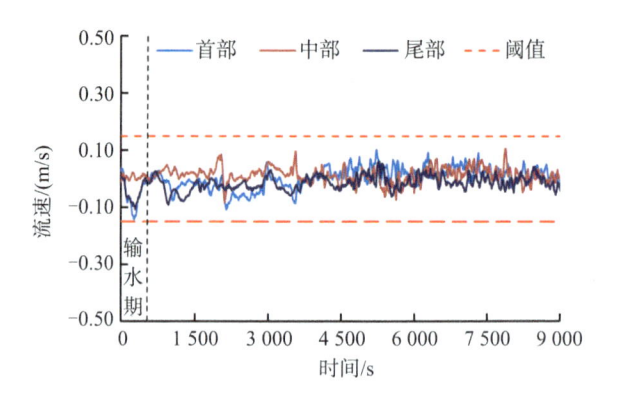

图 5-15 不同位置靠船墩处横向流速变化过程

5.3.3 水位变化分析

分析上游引航道计算模型不同时刻不同研究区域监测点的水位数据,并绘制闸室灌水过程中引航道不同区域水位变化过程线,如图 5-16 所示。

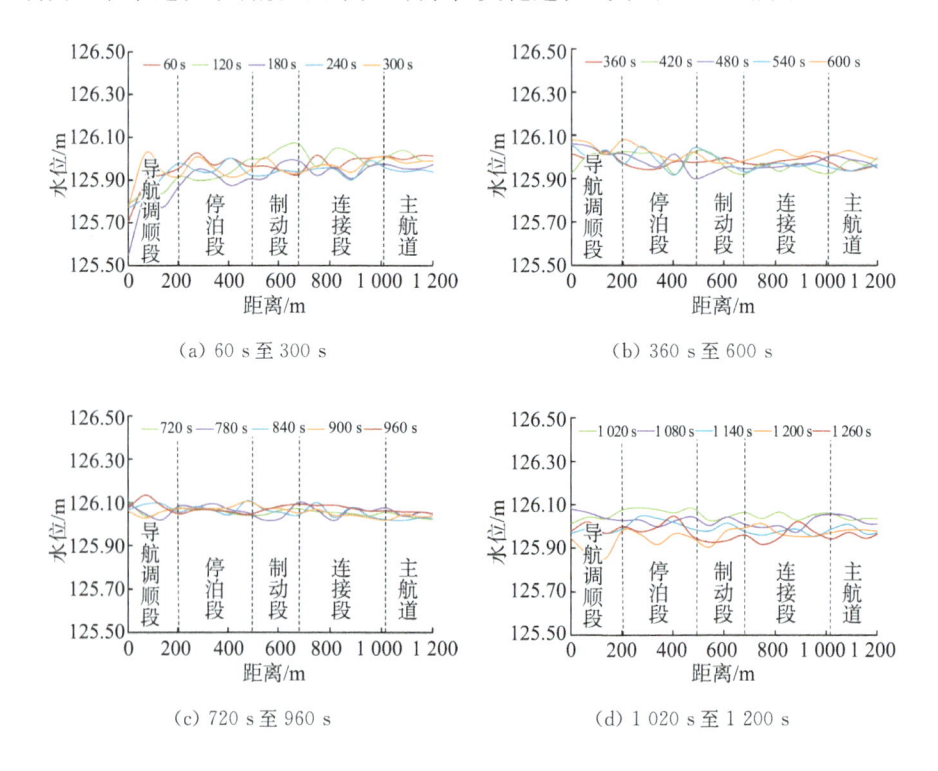

(a) 60 s 至 300 s

(b) 360 s 至 600 s

(c) 720 s 至 960 s

(d) 1 020 s 至 1 200 s

(e) 1 320 s 至 1 560 s

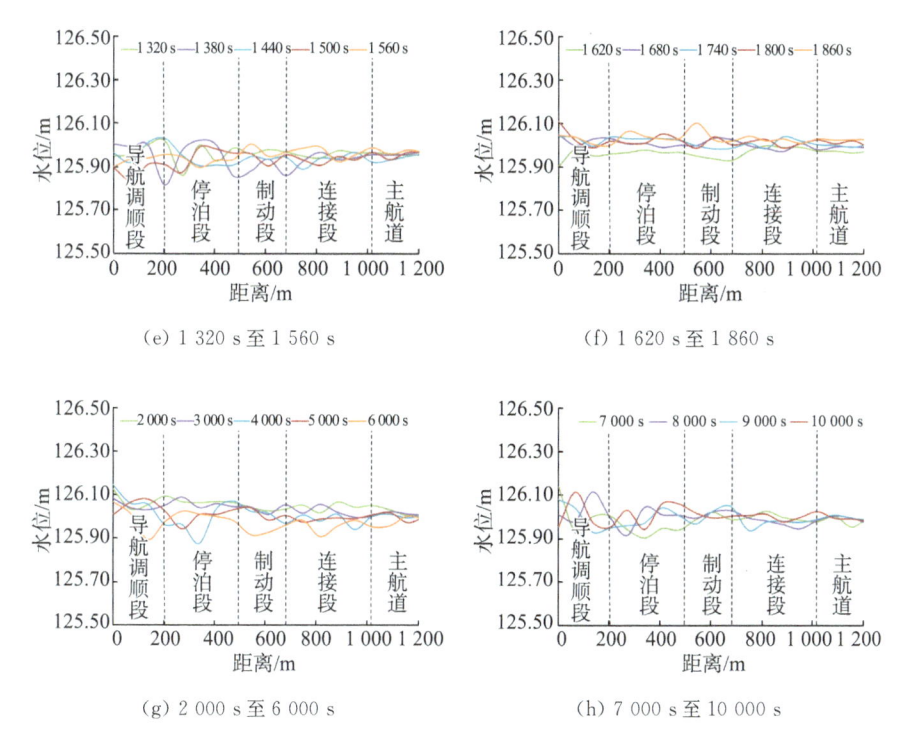

(f) 1 620 s 至 1 860 s

(g) 2 000 s 至 6 000 s

(h) 7 000 s 至 10 000 s

图 5-16　闸室灌水过程中上游引航道沿程水位变化过程

如图 5-16(a)所示,自船闸上游廊道阀门开启后,上游闸首处水位首先降低,形成的降水波向上游引航道传递,使得引航道内的水位逐渐降低。当灌水流量接近峰值时,闸首处水位波动至水位极低值,为 125.53 m;当到达 300 s 时刻,阀门完全开启时,此时闸首处水位回升至 125.77 m。随闸室灌水的持续进行,引航道内的水流在惯性作用下持续传递至上游闸首处,导致导航调顺段水位又逐渐抬升,并形成涨水波向上游引航道传递,如图 5-16(b)所示。

随着灌水流量的进一步减小,闸室灌水在 600 s 前结束,引航道水位逐渐回升,如图 5-16(c)所示。在灌水结束后,引航道内水位在惯性作用下持续振荡,且波幅逐渐减小,如图 5-16(d)、(e)、(f)、(g)和(h)所示。

经统计,水位变化过程中最大波高为 0.34 m,符合波高不大于 0.50 m 的要求。

同时对上游停泊段不同部位靠船墩附近的水位进行分析,并绘制水位变化过程线,如图 5-17 所示。

分析图 5-17 可知,不同部位靠船墩处水位随时间变化过程基本一致,即输水开始时,受灌水影响,水位迅速降低,落至波谷后又迅速抬升。在闸室灌水完成后,水位随时间呈波动状态,此过程中靠船墩处水位最大变幅为 0.33 m,符合波高不大于 0.50 m 的要求。

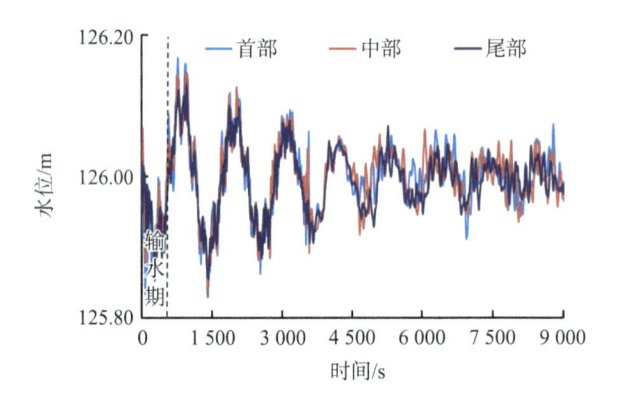

图 5-17　灌水过程中不同部位靠船墩处水位变化过程线

图 5-18 为闸室灌水过程中,闸室流量最大时刻,上游引航道沿程水位云图。

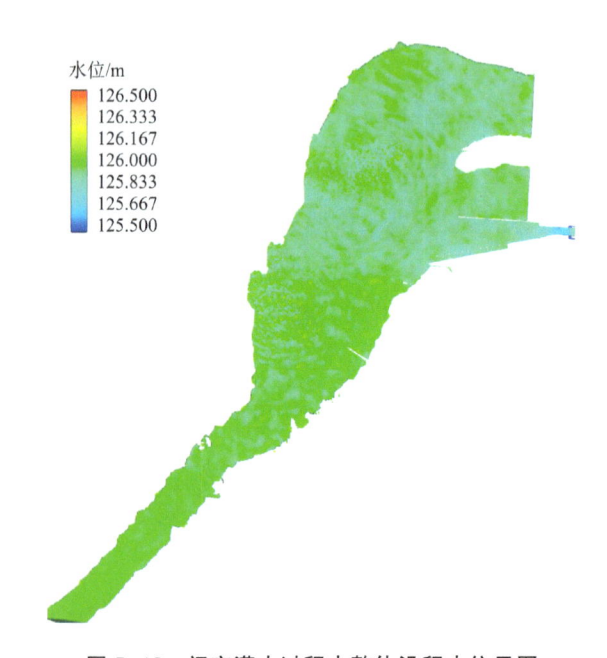

图 5-18　闸室灌水过程中整体沿程水位云图

5.3.4 水深变化分析

分析上游引航道数值模型不同监测点处水深的变化规律,并绘制不同区域水深变化过程线,如图 5-19 所示。分析此图可知,水深的变化规律与水位变化规律相一致,导航调顺段最小水深为 5.43 m,停泊段最小水深为 5.76 m,制动段的最小水深为 5.42 m,连接段的最小水深为 7.33 m,主航道最小水深为 34.87 m,各区域最小水深均大于 4.35 m。

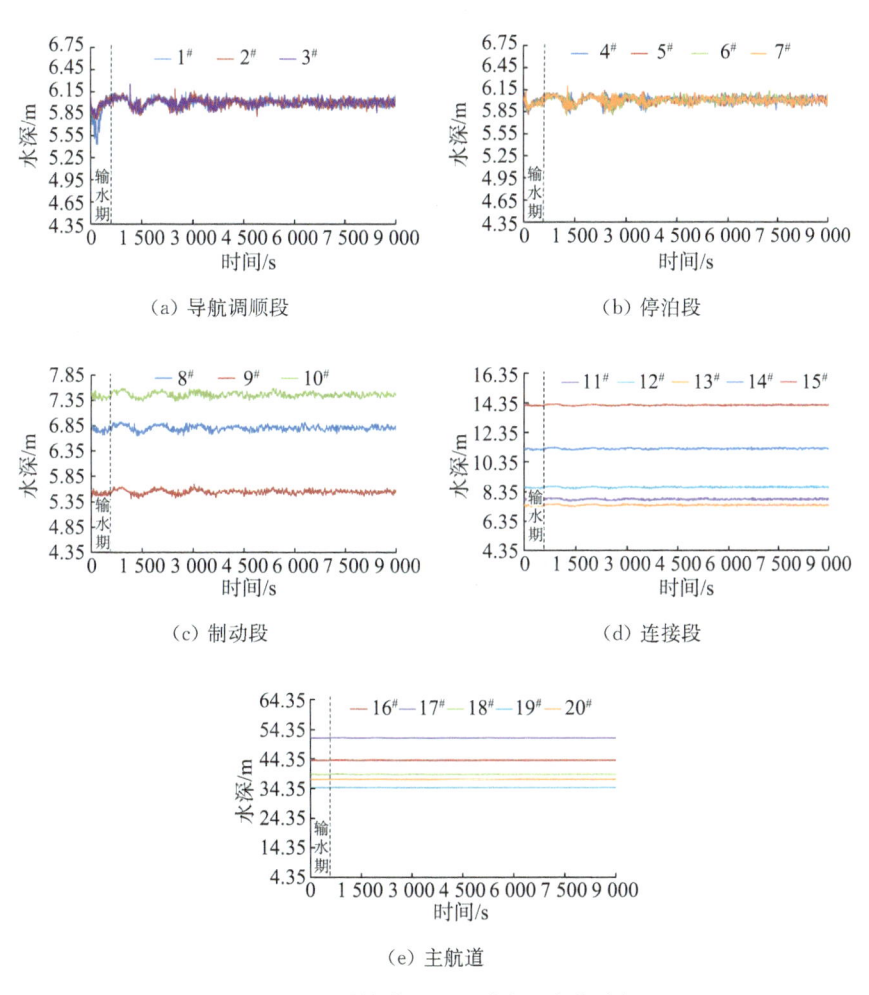

图 5-19 引航道不同区域水深变化过程

同时分析上游引航道停泊段不同部位靠船墩处的水深变化过程,如图 5-20 所示。分析此图可知,不同部位靠船墩处在水深变化过程中,水深均大于 4.35 m,满足引航道的设计要求。

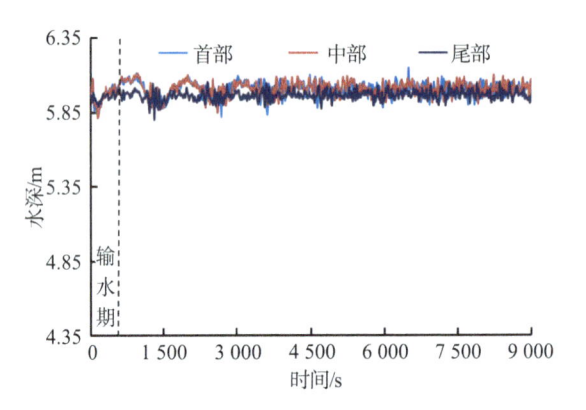

图 5-20 不同部位靠船墩处水深变化过程

图 5-21 为闸室灌水过程中,闸室流量最大时刻,上游引航道沿程水深云图。

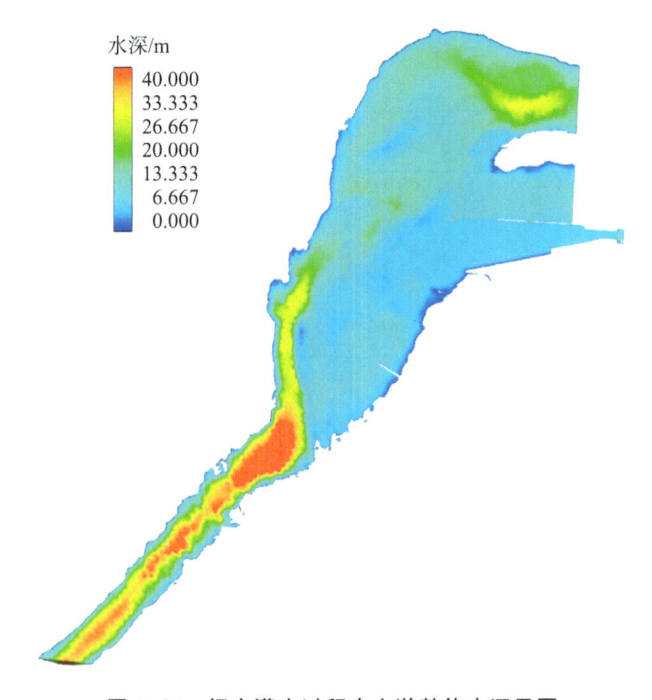

图 5-21 闸室灌水过程中上游整体水深云图

5.3.5 比降变化分析

通过闸室灌水过程中的水位变化过程，计算上游引航道数值模型不同区域相邻监测点间的水面比降值，即单倍船长水面比降，如图 5-22 所示。

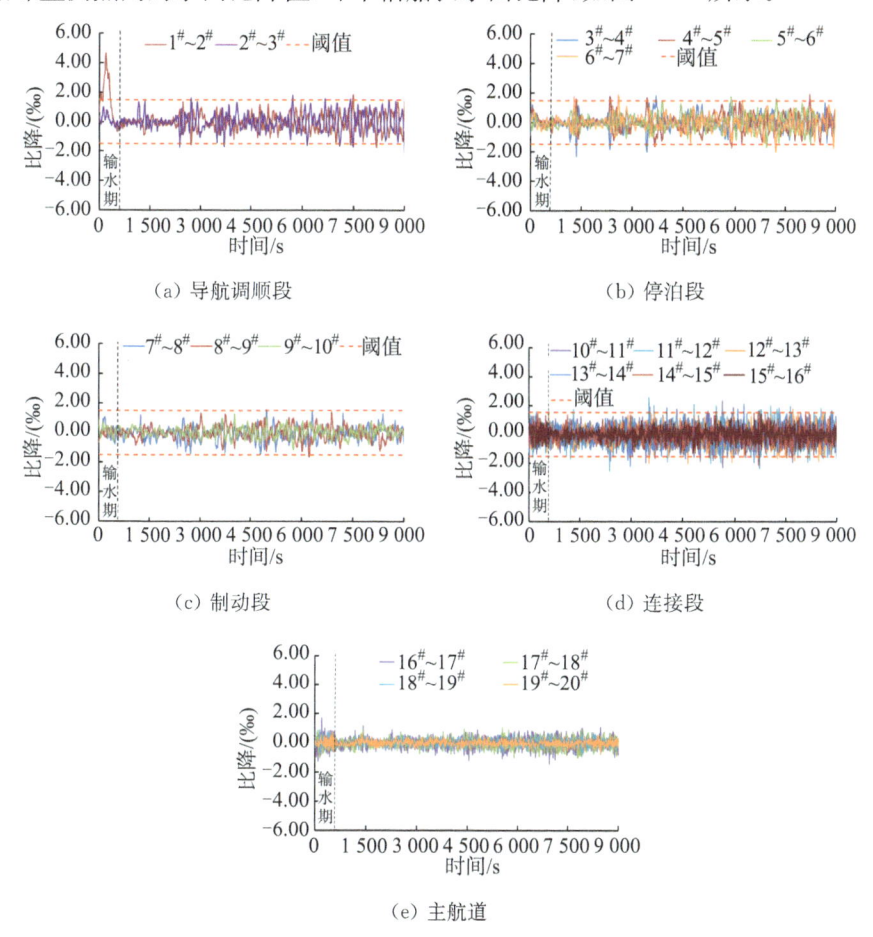

(a) 导航调顺段

(b) 停泊段

(c) 制动段

(d) 连接段

(e) 主航道

图 5-22 引航道不同区域相邻监测点比降变化过程

分析可知，导航调顺段输水过程中，在靠近上游闸首处的区域，水面比降呈先增大后减小的变化规律，输水期最大比降可达 4.9‰；进而水面比降随水位波动而呈现出波动振荡的变化规律。导航调顺段、停泊段以及制动段的水面比降，如图 5-22(a)~(c)所示，零星波动极值点超出了 1.5‰的要求，其他时刻基本未超过 1.5‰。连接段水面比降整体基本满足 1.5‰的要求，如图 5-22(d)所示。

主航道河段由于水位波动幅度较小,因而水面比降波动较小,如图 5-22(e)所示。

5.4 下游引航道研究成果及分析

5.4.1 纵向流速变化分析

首先分析下游引航道计算模型不同区域纵向流速变化过程,并绘制变化过程曲线,如图 5-23 所示。

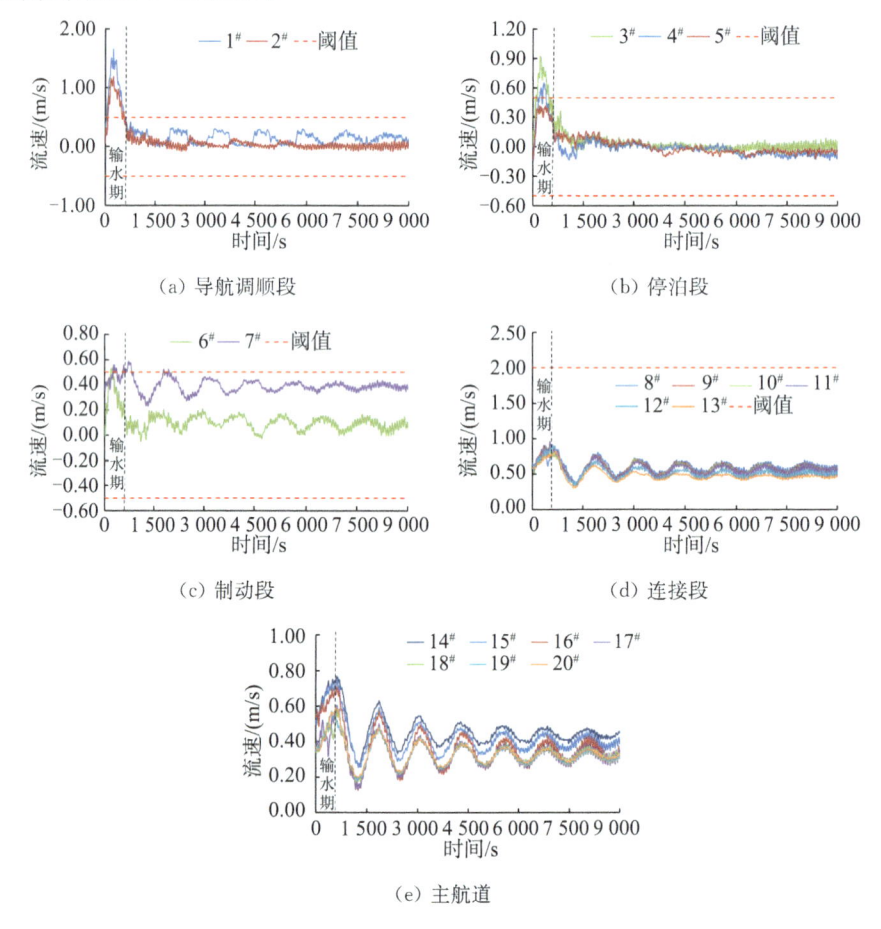

(a) 导航调顺段

(b) 停泊段

(c) 制动段

(d) 连接段

(e) 主航道

图 5-23 引航道不同区域监测点纵向流速变化过程

由图 5-23(a)可知,导航调顺段水流纵向流速在输水初期迅速加快,船闸输水系统泄水流量达到峰值后,流速随之减缓;进而在输水结束后,水流持续发生振荡,同时流速也进一步趋于变缓。输水期最大流速可达 1.67 m/s,发生在出口格栅附近水域;输水结束后受水流振荡影响,纵向流速呈现出小幅波动状态,未超过 0.50 m/s。

由图 5-23(b)可知,停泊段水流纵向流速在输水初期迅速加快,随流量达到峰值后而逐步减缓,在输水结束后纵向流速呈波动状态。输水期最大纵向流速可达 0.91 m/s,发生在导航调顺段与停泊段交汇区域;停泊区内在输水期最大流速为 0.63 m/s;输水结束后受水流振荡影响,流速逐步减缓,呈现出波动状态,未超过 0.50 m/s。

由图 5-23(c)和图 5-23(d)可知,制动段和连接段水流纵向流速在输水期均呈现先加快后减缓的变化规律,受水流振荡影响,流速随水流波动而呈现波动状态,制动段未超过 0.50 m/s,连接段未超过 2.00 m/s。

由图 5-23(e)可知,主航道水流纵向流速在船闸泄水过程中呈现先加快后减缓的变化规律,输水结束后受水流振荡影响,流速随水流波动而呈现稳定的波动状态。

随后分析不同位置靠船墩附近的水流纵向速度变化,并绘制曲线,如图 5-24 所示。输水期靠船墩附近水流纵向流速呈先加快后减缓的变化规律,水流最大纵向流速为 0.70 m/s。输水期过后,水流纵向流速呈波动状态,未超过 0.50 m/s。

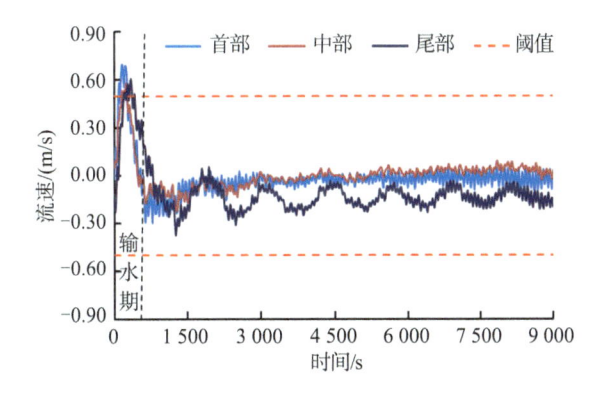

图 5-24 下游引航道不同位置靠船墩处纵向流速变化过程

最后分析船闸泄水过程中,下游引航道及连接段航道的流场,并绘制船闸泄水过程中流量最大时刻的引航道流速云图,如图 5-25 所示;绘制引航道和连接段整体流场图,如图 5-26 所示。分析图 5-25 和图 5-26 可知,下游引航道流速分布均匀,引航道内流速自闸室格栅出口至下游逐渐减缓,流态整体良好。

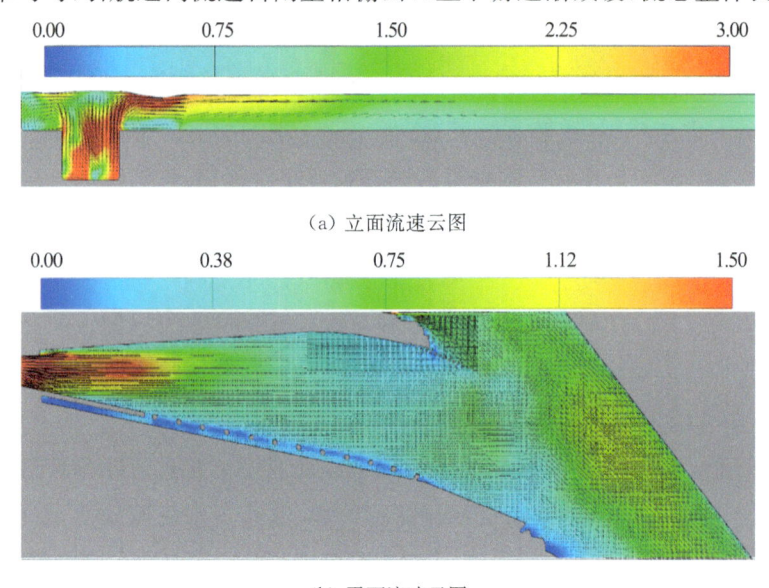

(a) 立面流速云图

(b) 平面流速云图

图 5-25 泄水过程中下游引航道流速云图(泄水流量最大时刻,单位:m/s)

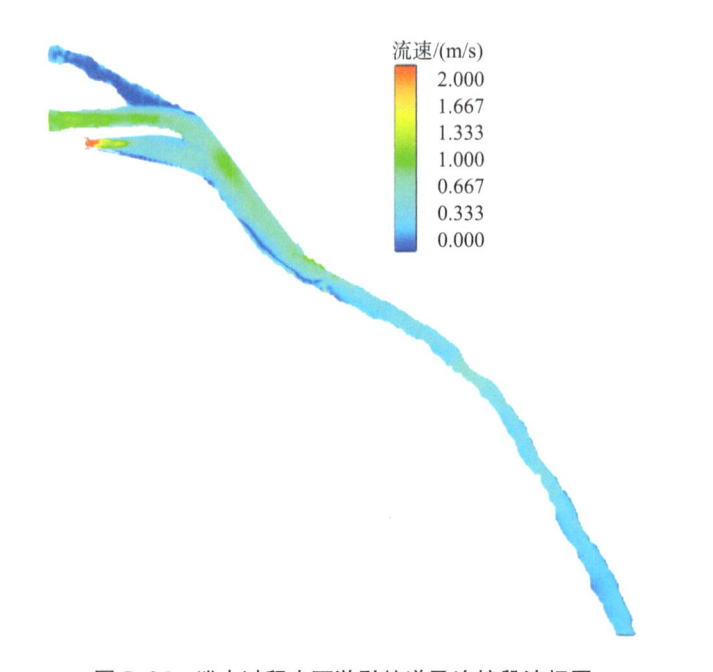

图 5-26 泄水过程中下游引航道及连接段流场图

5.4.2 横向流速变化分析

首先分析下游引航道计算模型不同区域横向流速变化过程,并绘制变化过程曲线,如图 5-27 所示。

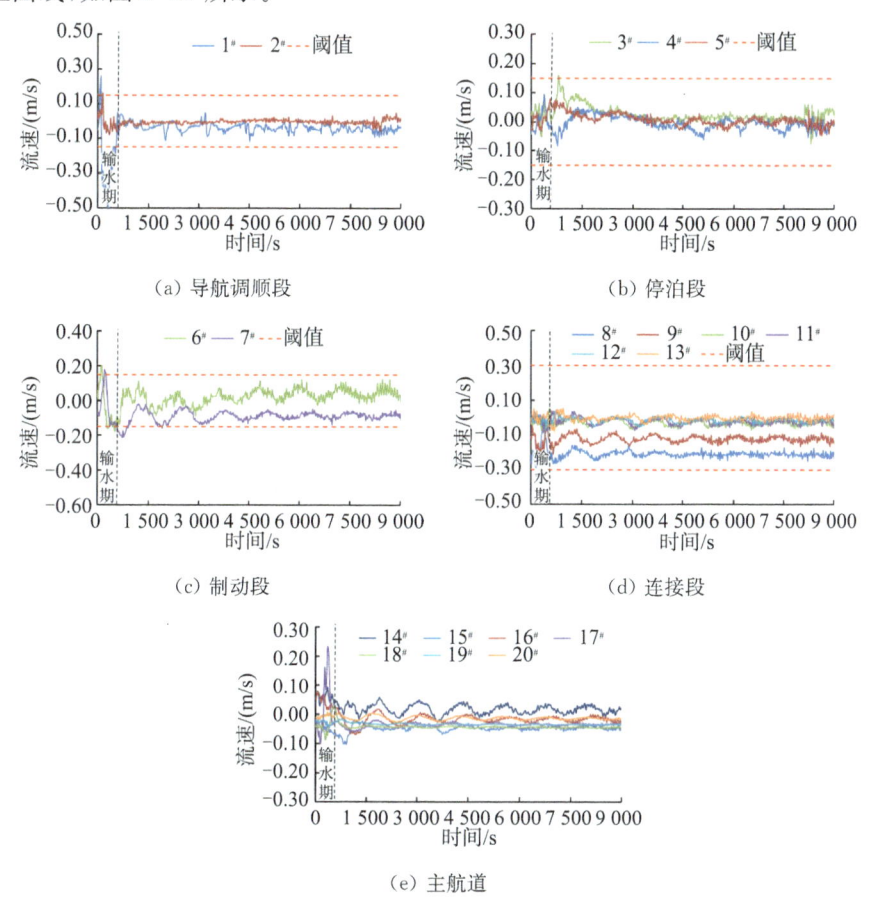

(a) 导航调顺段

(b) 停泊段

(c) 制动段

(d) 连接段

(e) 主航道

图 5-27 引航道不同区域监测点横向流速变化过程

由图 5-27(a)可知,导航调顺段水流横向流速在输水过程中会呈现小幅波动状态,靠近出口格栅的 1# 监测点水流横向流速在流量峰值期会呈现较大的波动,监测最大横向流速为 0.52 m/s,但位于导航调顺段的 2# 监测点水流横向流速受泄水影响,横向流速最大值为 0.16 m/s。横向流速呈小幅波动状态,整体波动基本未超过 0.15 m/s。

由图 5-27(b)可知,停泊段水流横向流速在输水初期及输水期后的时间内,不同监测位置的波动规律呈现出一定的差异;水流最大横向流速为 0.16 m/s。横向流速在波动过程中,基本未超过 0.15 m/s。

由图 5-27(c)可知,制动段水流横向流速呈现波动状态,左岸导流隔墩内部的 6# 监测点处,横向流速最大值为 0.19 m/s,其余时刻基本未超过 0.15 m/s。而 7# 监测点横向流速最大值为 0.21 m/s,其余时刻基本未超过 0.15 m/s。

由图 5-27(d)和图 5-27(e)可知,连接段水流横向流速呈现波动状态,在输水期及输水过后均未超过 0.3 m/s;主航道水流横向流速受输水过程影响也呈波动状态,但未超过 0.3 m/s。

随后分析不同位置靠船墩附近的水流横向速度变化,并绘制曲线,如图 5-28 所示。输水期靠船墩附近水流横向流速呈先加快后减缓的变化规律,首部靠船墩附近水流最大横向流速为 0.11 m/s;受主航道影响,尾部靠船墩处横向流速波动略大于首部,但基本未超过 0.15 m/s。输水期过后,水流横向流速继续呈波动状态,波动过程中基本未超过 0.15 m/s。

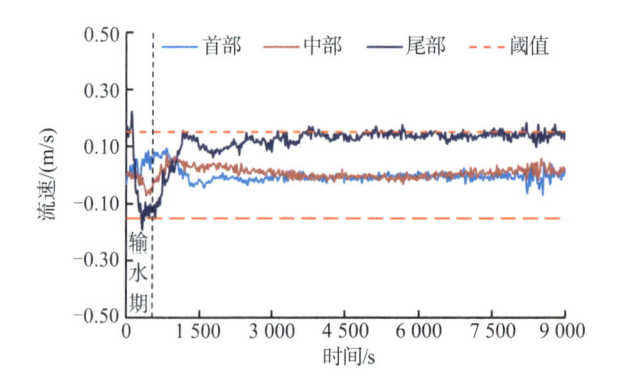

图 5-28 不同位置靠船墩处横向流速变化过程

5.4.3 水位变化分析

分析下游引航道计算模型不同时刻不同研究区域监测点的水位数据,并绘制闸室泄水过程中引航道不同区域水位变化过程线,如图 5-29 所示。

如图 5-29(a)所示,自船闸下游阀门泄水开始,下游闸首处水位首先抬高,形成的涨水波向下游引航道传递,使得引航道内的水位逐渐抬高;当到达 300 s 时刻,阀门完全开启时,闸首处水位已完成了抬升—降低—抬升的变化规律,最高水位为110.30 m。之后随着泄水流量逐渐减小,引航道内水流在惯性作用下继续向下游传递,引起水面波动,如图5-29(b)所示。随着泄水流量的进一步减小,闸室泄水在600 s前后结束,引航道水位开始下落,且导航调顺段水面出现倒坡,如图5-29(c)所示。在泄水结束后,引航道内水位在惯性作用下呈震荡且波幅逐渐减小的波动规律,如图5-29(d)、(e)和(f)所示,此过程中下游闸首处最低水位约109.65 m。

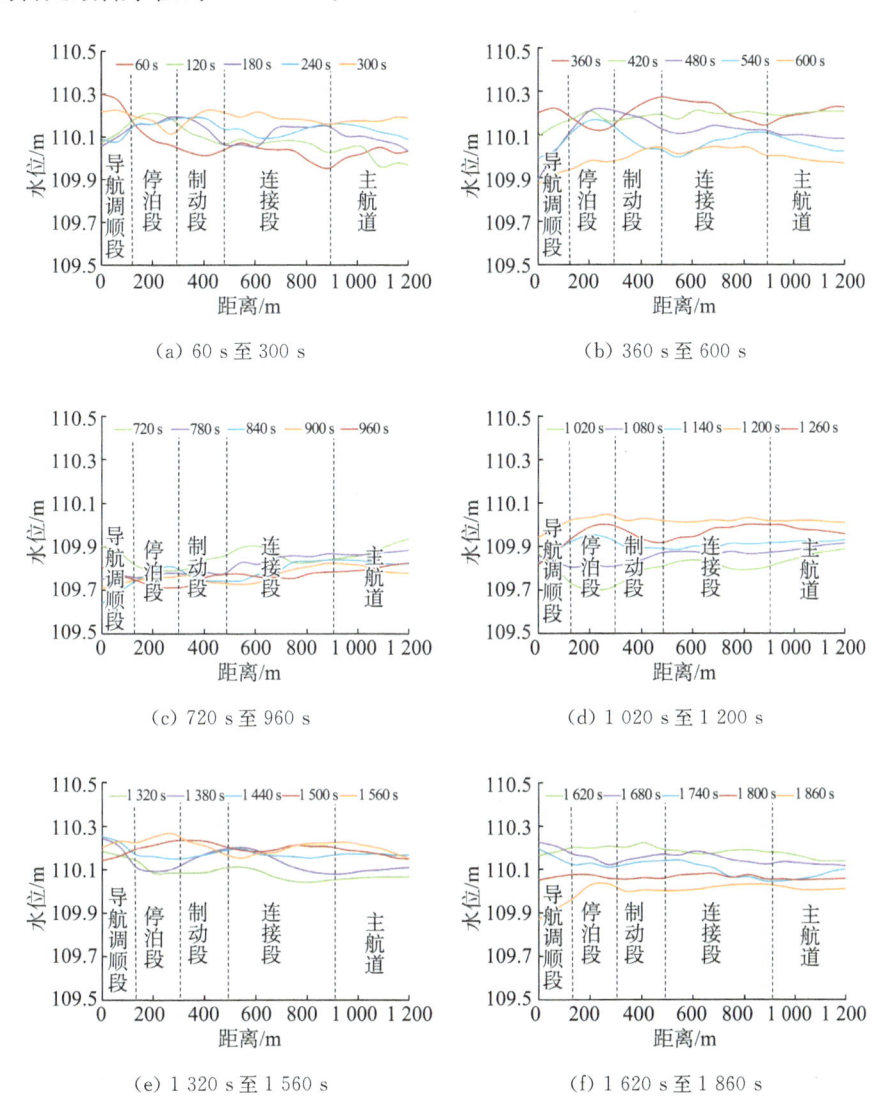

(a) 60 s 至 300 s

(b) 360 s 至 600 s

(c) 720 s 至 960 s

(d) 1 020 s 至 1 200 s

(e) 1 320 s 至 1 560 s

(f) 1 620 s 至 1 860 s

(g) 2 000 s 至 6 000 s

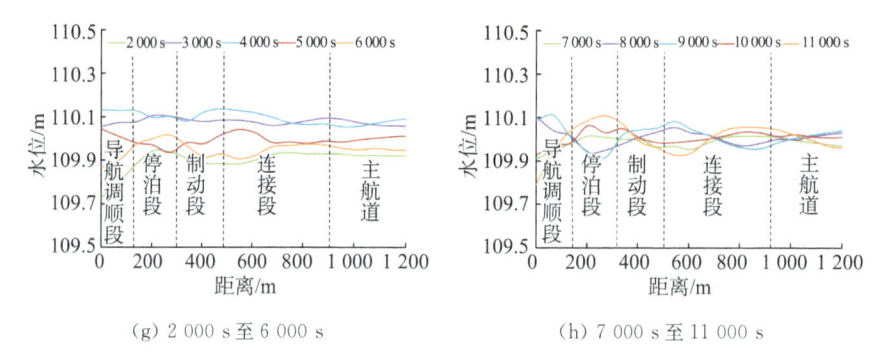

(h) 7 000 s 至 11 000 s

图 5-29　泄水过程中不同时刻沿程水位变化过程

经统计，水位变化过程中，最大波高为 0.52 m，基本符合波高不大于 0.50 m 的要求。

同时对下游停泊段不同部位靠船墩附近的水位进行分析，并绘制水位变化过程线，如图 5-30 所示。

分析图 5-30 可知，不同部位靠船墩处水位随时间变化过程基本一致，即输水开始时，水位逐步抬升；随着输水流量在 240 s 左右达到峰值，水位也呈现波动状态，且波动下降；在 600 s 附近，闸室输水过程结束，水位快速下降，进而引起水面大幅波动，此过程中靠船墩处水位最大变幅为 0.52 m。

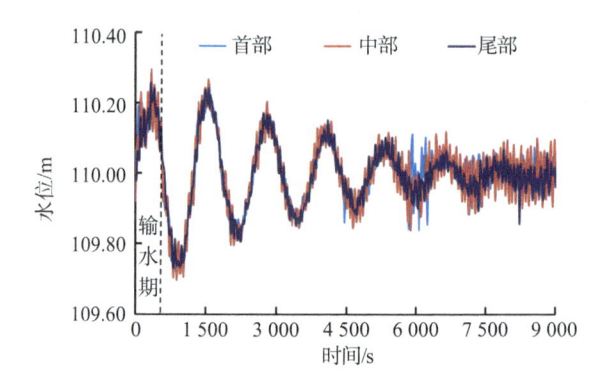

图 5-30　泄水过程中不同部位靠船墩处水位变化过程线

图 5-31 为闸室泄水过程中，闸室流量最大时刻，下游引航道沿程水位云图。

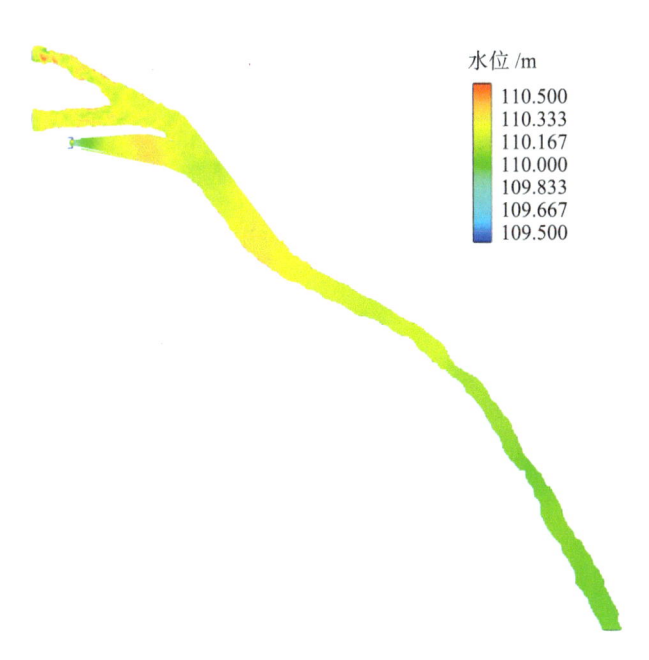

图 5-31　闸室泄水过程中下游引航道沿程水位云图

5.4.4　水深变化分析

分析下游引航道数值模型不同监测点处水深的变化规律,并绘制不同区域水深变化过程线,如图 5-32 所示。分析此图可知,水深的变化规律与水位变化规律相一致,导航调顺段最小水深为 4.64 m,停泊段最小水深为 4.68 m,制动段最小水深为 4.71 m,连接段最小水深为 4.72 m,主航道最小水深为 18.17 m。各区域最小水深均大于 4.35 m,满足引航道的设计要求。

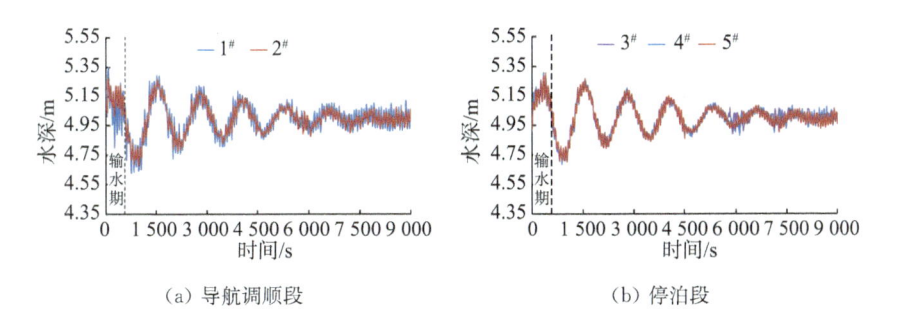

(a) 导航调顺段　　　　　　　　(b) 停泊段

(c) 制动段

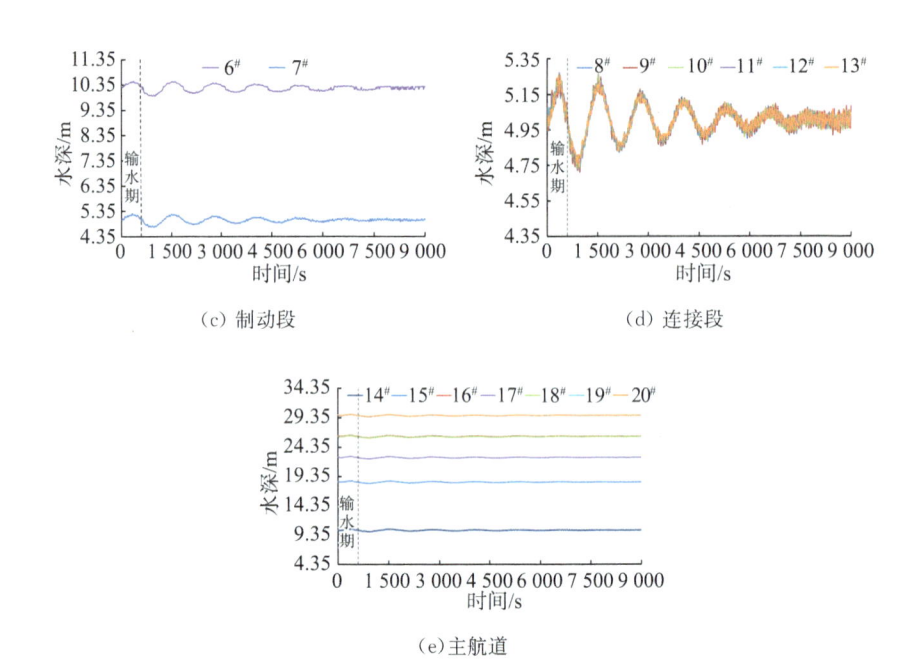

(d) 连接段

(e) 主航道

图 5-32　引航道不同区域监测点水深变化过程

同时分析下游引航道停泊段不同部位靠船墩处的水深变化过程,如图 5-33 所示。分析此图可知,最小水深为 4.70 m,不同部位靠船墩处在水深变化过程中,水深均大于 4.35 m,满足引航道的设计要求。

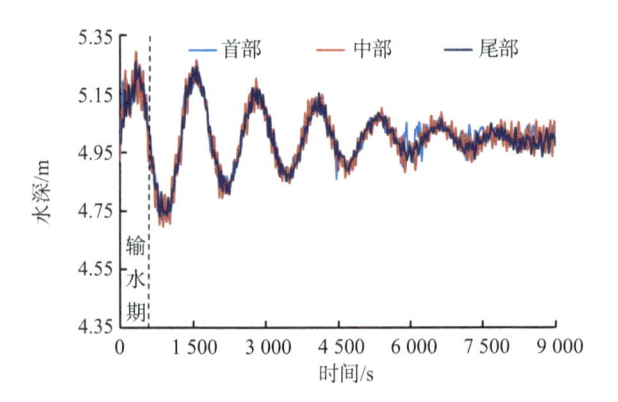

图 5-33　不同部位靠船墩处水深变化过程

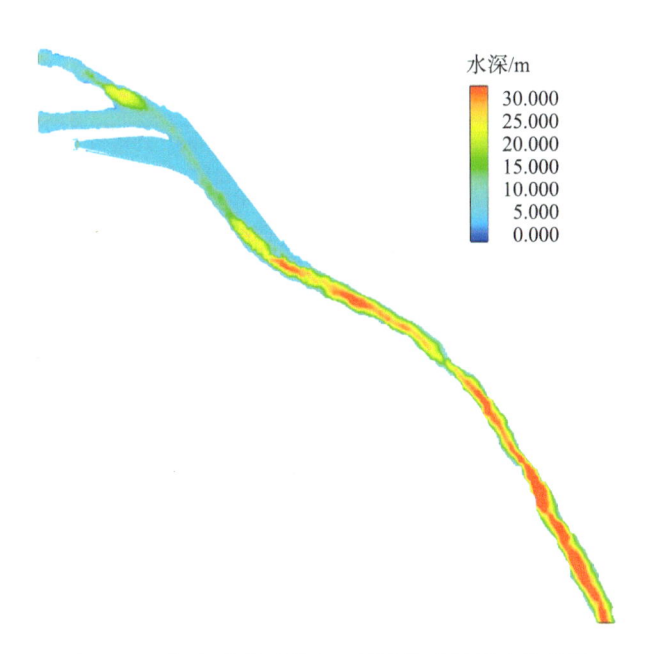

图 5-34　闸室泄水过程中下游引航道沿程水深云图

图 5-34 为闸室泄水过程中,闸室流量最大时刻,下游引航道沿程水深云图。

5.4.5　比降变化分析

通过闸室泄水过程中的水位变化过程,计算下游引航道数值模型不同区域相邻监测点间的水面比降值,即单倍船长水面比降,如图 5-35 所示。

分析可知,导航调顺段输水过程中,在靠近下游闸首处的区域,水面比降呈先增大后减小的变化规律,最大比降可达 2.38‰;进而水面比降随水位波动而呈现出波动振荡的变化规律。

如图 5-35(a)所示,导航调顺段在输水期水面比降较大,输水期后水面趋于平稳,闸室泄水对引航道水流影响趋缓,未超过 1.5‰。

如图 5-35(b)所示,停泊段在输水期和输水期过后的水面比降未超过 1.5‰。如图 5-35(c)～(e)所示,制动段、连接段以及主航道的水面比降的波动值均控制在 1.5‰以内。

(a) 导航调顺段

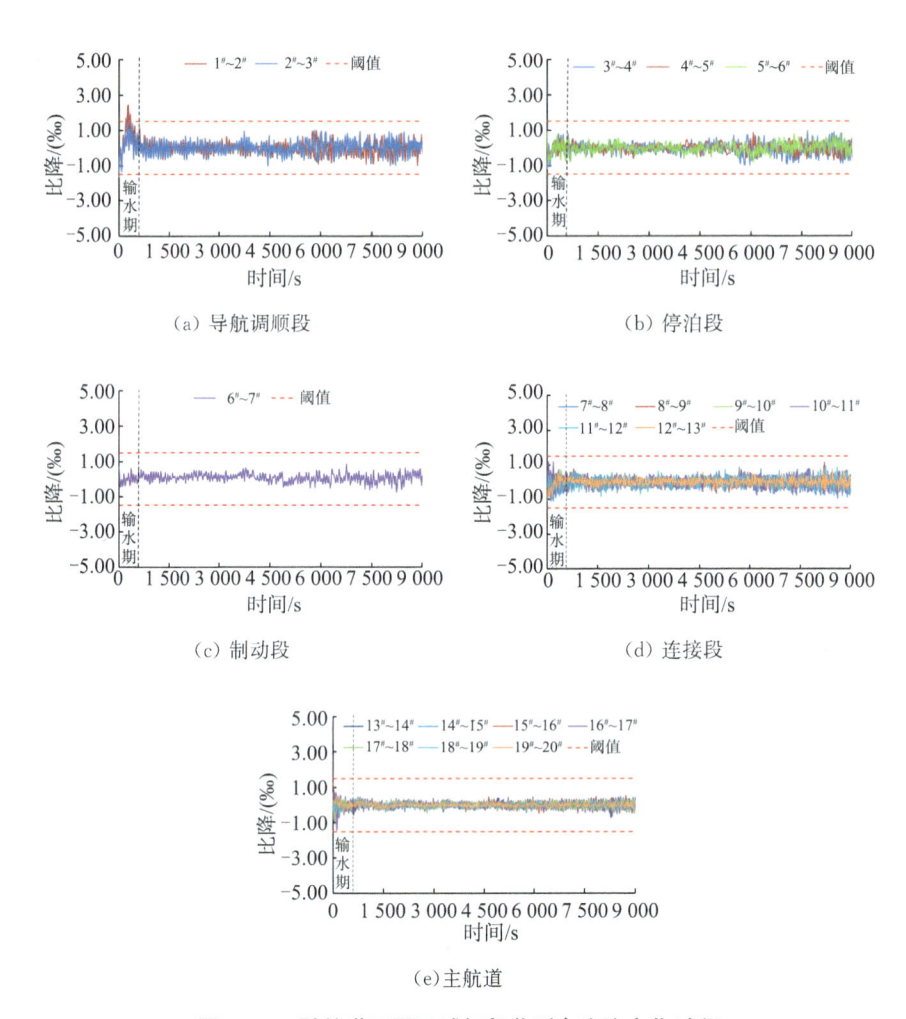

(b) 停泊段

(c) 制动段

(d) 连接段

(e) 主航道

图 5-35　引航道不同区域相邻监测点比降变化过程

5.5　小结

本章以百龙滩枢纽船闸输水系统闸底长廊道侧支孔及引航道布置方案为基础，进行了船闸输水系统上、下游引航道三维数学模型计算。

在上游正常蓄水位 126 m，下游最低通航水位 110 m，双边阀门开启 4 min 的极端工况下，开展输水系统灌水过程中上游引航道、泄水过程中下游引航道的水力学数值分析。

第 5 章
船闸上下游引航道数值模拟研究

上游引航道水力学数值分析研究结果表明：

(1) 导航调顺段在输水时期，位于灌水格栅附近的最大纵向流速可达 2.17 m/s，灌水格栅后纵向流速迅速变缓。停泊段、制动段、连接段以及停泊区靠船墩附近，纵向流速基本未超过 0.50 m/s。

(2) 导航调顺段、停泊段、制动段、连接段以及停泊区靠船墩附近，横向流速未超过 0.15 m/s。

(3) 闸室灌水过程中，上游引航道各区域最小水深均大于 4.35 m，满足引航道的要求。

(4) 导航调顺段、停泊段以及制动段的水面比降在波动过程中，部分极值会超过 1.5‰，但整体基本在 1.5‰ 的控制范围内；连接段的水面比降不超过 1.5‰。

(5) 上游引航道不同区域波高均未超过 0.50 m。

下游引航道水力学数值分析研究结果表明：

(1) 导航调顺段在输水期最大纵向流速可达 1.67 m/s，停泊段在输水期最大纵向流速可达 0.91 m/s，停泊区靠船墩附近在输水期水流最大纵向流速为 0.63 m/s。下游引航道各区域在输水期过后，水流纵向流速均未超过 0.50 m/s。

(2) 导航调顺段在输水期的最大横向流速为 0.52 m/s，发生在输水期；制动段在输水过程中最大横向流速为 0.21 m/s。除以上区域及时刻外，下游引航道在泄水过程中，横向流速基本未超过 0.15 m/s。

(3) 闸室泄水过程中，下游引航道各区域最小水深均大于 4.35 m。

(4) 下游引航道停泊段、制动段、连接段以及停泊区靠船墩附近不同区域的水面比降整体基本在 1.5‰ 的控制范围内。

(5) 下游引航道不同区域波高基本未超过 0.50 m。

参考文献

[1] 康立荣,张娟.中等水头船闸输水系统选型分析探讨[J].水运工程,2013(2):107-110+122.

[2] 陈明,宣国祥,陈明栋.船闸输水系统水动力学研究综述[J].重庆交通大学学报(自然科学版),2013,32(1):157-160+168.

[3] 吴英卓,陈建,王智娟,等.高水头船闸输水系统布置及应用[J].长江科学院院报,2015,32(2):58-63.

[4] 易兴华.等惯性输水系统及其在葛洲坝船闸中应用的几个问题[J].长江科学院院报,1988(1):37-48+60.

[5] 中华人民共和国交通部.船闸设计规范(第二篇输水系统设计):JTJ 262—87[S].北京:人民交通出版社出版,1987.

[6] 吴英卓,江耀祖,邓庭哲.三峡船闸输水系统分流口型式研究[J].长江科学院院报,1998(5):7-11.

[7] 中华人民共和国交通部.船闸输水系统设计规范:JTJ 306—2001[S].北京:人民交通出版社出版,2001.

[8] 长江三峡通航管理局.船闸运行维护管理实用知识[M].北京:人民交通出版社,2018.

[9] 卡洽诺夫斯基 Б Д.船闸水力学[M].华东水利学院水道及海港教研组,译.北京:水利出版社,1957.

[10] 德乌斯 N M.通航船闸[M].陈士萌,金煜,译.大连:大连工学院出版社,1988.

[11] ABLES J H, BOYD M B. Filling and emptying system, Cannelton Main Lock, Ohio River, and generalized tests of sidewall port systems for 110 - by 1200 - ft locks: hydraulic model investigation[R]. Vicksburg: U. S. Army Engineer Waterways Experiment Station, 1966.

[12] PICKETT E B, NEILSON F M. Lock hydraulic system model and prototype study data: corps of engineers projects, 1937 - 1984[R]. Vicksburg: U. S. Army Engineer Waterways Experiment Station, 1988.

[13] HITE J E. Model study of Marmet Lock filling and emptying system, Kanawha Riv-

er, West Virginia: hydraulic model investigation[R]. Vicksburg: U. S. Army Engineer Waterways Experiment Station, 1999.

[14] KOLKMAN P A. Low-head navigation locks: door filling and emptying systems developed by hydraulic investigations[M]. Delft: Delft Hydraulics Laboratory, 1973.

[15] 黄国勋,乔华倩. 船闸输水系统发展及研究进展[J]. 中国水运(下半月),2022,22(11): 74-76.

[16] 王仕民,江耀祖,吴英卓,等. 超高水头大型船闸输水系统研究[J]. 人民长江,2017, 48(24):75-79+100.

[17] 胡亚安,郑楚佩. 葛洲坝一号船闸输水阀门空化特性原型监测[J]. 水科学进展,1994 (3):235-241.

[18] 胡亚安,李君,李中华. 红水河大化船闸输水系统水力特性原型调试研究[J]. 水运工程,2008(3):87-92+98.

[19] 刘平昌,周家俞,王召兵,等. 渠江金盘子船闸输水系统水力学原型观测研究[J]. 重庆交通大学学报(自然科学版),2011,30(6):1396-1399+1419.

[20] 王力军,刘火箭,吴英卓,等. 汉江兴隆船闸输水系统水力原型观测研究[J]. 人民长江,2020,51(S2):340-343.

[21] 欧阳彪,陈亮,欧泽全,等. 北江清远枢纽二线船闸水力特性原型观测及实船试验[J]. 水运工程,2022(6):112-118.

[22] 宁武,李君,宣国祥,等. 柳江红花二线船闸输水系统布置与水力学模型试验研究[J]. 水运工程,2017(10):154-159.

[23] 阚延炬,李君,宣国祥,等. 蜀山泵站枢纽船闸输水系统水力学模型试验[J]. 水运工程,2017(9):126-130+143.

[24] 王鑫,李君涛,冯小香. 中水头船闸输水系统优化试验研究[J]. 水道港口,2019,40(3): 304-312.

[25] 杨忠超,杨斌,陈明栋,等. 高水头船闸阀门段体型优化三维数值模拟[J]. 水利水电科技进展,2010,30(2):10-13+57.

[26] 陈明,梁应辰,宣国祥,等. 船闸输水过程三维水力特性动态仿真研究[J]. 水动力学研究与进展(A辑),2013,28(5):559-565.

[27] 陈明,梁应辰,宣国祥,等. 船闸输水过程闸室船舶系缆力数值模拟[J]. 船舶力学, 2015,19(Z1):78-85.

[28] 张利鹏. 高水头船闸水流三维数值模拟研究[D]. 重庆:重庆交通大学,2008.

[29] 杨艳红,陈明,张星星,等. 高水头大尺度船闸闸室消能明沟三维水力特性数值模拟

[J].水运工程,2018(4):84-90.

[30] 彭永勤,彭涛.船闸闸墙长廊道输水系统闸室三维流场数值模拟研究[J].重庆交通大学学报(自然科学版),2015,34(3):72-75.

[31] HAMMACK E A, STOCKSTILL R L. 3D numerical modeling of John Day Lock tainter valves[C]//World Environmental and Water Resources Congress 2009: Great Rivers, Kansas City, Missouri. Reston: ASCE, 2009:2727-2736.

[32] STOCKSTILL R L, NEILSON F M, ZITTA V L. Hydraulic calculations for flow in lock manifolds[J]. Journal of hydraulic engineering, 1991, 117(8):1026-1041.

[33] STOCKSTILL R L, BERGER R C. A three-dimensional numerical model for flow in a lock filling system[C]//World Environmental and Water Resources Congress 2009: Great Rivers, Kansas City, Missouri. Reston: ASCE, 2009:2737-2746.

[34] NATALE L, SAVI F. Minimization of filling and emptying time for navigation locks [J]. Journal of waterway, port, coastal and ocean engineering, 2000, 126(6): 274-280.

[35] 王智娟,江耀祖,吴英卓,等.银盘船闸阀门段体型优化三维数值模拟研究[J].人民长江,2008(4):91-93.

[36] 马峥,张计光,陈红勋,等.三峡永久船闸输水廊道水动力学特性研究[J].水动力学研究与进展(A辑),2007(2):175-181.

[37] 杨忠超,杨斌,陈明栋,等.高水头船闸阀门开启过程水力特性仿真研究[J].重庆交通大学学报(自然科学版),2009,28(4):758-762.

[38] 李洪奇.高水头船闸阀门启闭过程及体型优化三维数值模拟研究[D].重庆:重庆交通大学,2009.

[39] 杨忠超,杨斌,陈明栋,等.高水头船闸阀门段体型优化三维数值模拟[J].水利水电科技进展,2010,30(2):10-13+57.

[40] 李洪奇,杨忠超.银盘船闸阀门开启过程水力特性动态仿真[J].水利水运工程学报,2010(3):101-106.

[41] 须清华.船闸输水系统的水工模型缩尺影响[J].水利水运科学研究,1985(4):1-8.

[42] 陈明,吕森鹏,刘原,等.省水船闸输水系统水力学研究综述[J].水运工程,2021(9):106-112+119.

[43] 戴会超,王玲玲.三峡永久船闸阀门段廊道水力学数值模拟[J].水力发电学报,2005(3):88-92.

[44] 王玲玲,高飞.三峡永久船闸输水系统输水特性研究[J].河海大学学报(自然科学版),

2002(4):96-99.

[45] 彭启友,於三大,邓浩,等.三峡永久船闸水力学安全监测[J].水力发电,2003(12):55-58+64.

[46] 张晓明.白石窑双线船闸输水系统及引航道非恒定流数值模拟研究[D].重庆:重庆交通大学,2015.

[47] 韩文龙,杨忠超.潆里枢纽船闸下引航道水力特性数值模拟研究[J].中国水运(下半月),2016,16(7):68-70.

[48] 孙国栋.潆里枢纽二线船闸引航道口门区通航水流条件改善措施研究[D].重庆:重庆交通大学,2016.

[49] 叶海桃.船闸引航道口门区流态的模型研究[D].南京:河海大学,2007.

[50] 张羽,杨朝辉,赵集云,等.弯曲河段船闸引航道通航水流条件模拟[J].水运工程,2022(6):132-138.

[51] 陈明,李礽民,王多银,等.左江山秀船闸改扩建工程引航道通航水流条件[J].水运工程,2021(11):66-73.

[52] 庞正芳,胡合欢,谢齐,等.葛洲坝三江下引航道水位波动特性及其影响分析[J].人民长江,2022,53(5):227-231.